Chef de guerre

W0401142

Louis Saillans

Chef de guerre

Mareuil
Éditions

PARUS CHEZ MAREUIL ÉDITIONS

Dans le secret de l'action, par Jean-Louis Fiamenghi, Franck Hériot, 2016.

James Bond n'existe pas. Mémoires d'un officier traitant, par François Waroux, 2017.

Patron du Raid. Face aux attentats terroristes, par Jean-Michel Fauvergue et Caroline de Juglart, 2017.

Les gorilles de la République. Une histoire du service de protection des hautes personnalités, par Gilles Furigo, 2018.

Arnaud Beltrame. L'héroïsme pour servir, par Pierre-Marie Giraud.

BRI. Histoire d'une unité d'élite, par Danielle Thierry, 2019.

Histoire du Raid ilustrée. Servir sans faillir, par Charles Diaz et Ange Mancini, 2019.

Légionnaires. Fragments de vie (Poèmes), par Pédro Cabanas et Victor Ferreira, 2020.

GIGN-RAID. Deux patrons face aux nouvelles menaces, par Thierry Orosco et Jean-Michel Fauvergue.

Tous droits réservés. Toute représentation ou reproduction intégrale ou partielle faite par quelque procédé que ce soit est interdite sans l'autorisation écrite de l'éditeur.

ISBN : 978-2-3725-41824

Pour vous tenir informé des prochaines publications de Mareuil Éditions, rendez-vous sur : www.mareuil-editions.com

© Mareuil Éditions, 2020

À mon épouse

NOTE DE L'AUTEUR

Tout est vrai dans le récit qui va suivre.

Je me suis attaché à relater les événements avec la plus grande exactitude.

Je me suis appuyé sur des notes prises au cours de mes missions et sur des documents d'archives auxquels j'ai eu accès.

Mes camarades se sont prêtés de bonne grâce au jeu de mes questions dans un esprit de coopération, pour lequel je leur adresse toute ma reconnaissance.

Si des erreurs se sont glissées dans les pages qui suivent, j'en porte seul la responsabilité.

Certains dialogues sont approximatifs mais reflètent l'esprit des échanges. Les lieux et les dates ne sont pas précisés et des passages ont été volontairement éludés ou survolés afin de ne pas trahir de secrets militaires et de ne pas engager la sécurité opérationnelle de soldats français. Les pseudonymes utilisés dans ce livre l'ont été pour protéger mes camarades encore en unités opérationnelles.

PROLOGUE

19 mai 2019.

Il est midi. Le regard habituellement franc de mes hommes est recouvert d'un voile. Les cercueils d'Alain et Cédric sont partis il y a quelques instants avec le président de la République, les familles et les autorités. Un lourd silence a accompagné leur sortie. Nous avons ensuite quitté les rangs pour saluer nos collègues rassemblés pour la circonstance dans une cour des Invalides baignée par la lumière du printemps. Nous sommes une centaine de commandos marine, membres des opérations spéciales, à être venus adresser un ultime salut à nos camarades disparus. Les autres unités du Commandement des opérations spéciales sont aussi là : 1er RPIMA, 13e RDP, CPA 10, GIGN… Je serre la main des agents de la DGSE, qui se trouvent en civil au fond de la cour. Avec les autres membres de mon groupe, je rejoins Tangui, resté au milieu de la place désormais désertée de ses visiteurs funèbres. Tangui serre la photo d'Alain contre lui. Il était resté aux côtés du cercueil pendant toute la durée de l'hommage national et semble désormais incapable de lâcher le cliché encadré. « Ça y est, il a fait le grand saut », murmure-t-il d'un air penaud. Ces quelques mots avivent encore un peu plus ma douleur. Je ne suis pas le seul à être dans cet état : tous ces gars avec qui j'ai vécu des situations d'une extrême dangerosité semblent plus abattus que jamais. Voir de tels guerriers à ce point ébranlés par l'émotion me fait serrer les dents. J'avale ma salive pour retenir mes larmes. Nous tous, si pudiques habituellement, n'avons pu nous empêcher de nous prendre dans les bras. Chacun a toutefois pris soin de s'éloigner de quelques pas pour que les autres ne le voient pas pleurer. Ce n'est pas dans notre nature d'étaler ainsi nos sentiments, sans doute par discrétion.

Cédric de Pierrepont et Alain Bertoncello étaient des commandos marine. Ils ont été tués lors d'une opération au Burkina Faso pour libérer deux otages français détenus par un groupe djihadiste. Tous deux étaient des hommes de grande valeur dont la force irrigue désormais nos vies. Il est de coutume d'encenser les morts, mais, dans leur cas, c'est mérité. J'avais croisé Cédric à plusieurs reprises mais je connaissais davantage Alain, qui était passé par notre groupe et que j'avais eu sous mes ordres. Un garçon exceptionnel, de ceux dont on a brisé le moule. Un grand sportif à la gentillesse chevillée au corps, constamment de bonne humeur. Le genre de camarade toujours prêt à rigoler autour d'une bière mais qui savait retrouver son sérieux dès qu'il était en mission. Il avait réussi le tour de force d'allier ses qualités humaines à un sens du professionnalisme très aigu. Je l'avais croisé sur le tarmac de l'aéroport quelques semaines avant sa mort. Je partais, il arrivait. Il était venu me saluer au milieu de la foule des militaires entrant et sortant du territoire des opérations. Je lui avais brossé le tableau des missions qui l'attendaient, nous avions plaisanté à propos de la météo étouffante et je lui avais indiqué les bars où sortir en ville. Avant de monter dans le bus qui me ramenait vers la France, je lui avais glissé la phrase de circonstance : « Bon courage et faites attention à vos miches, les gars. » Je n'ai pas imaginé une seconde que c'était la dernière fois que le voyais.

Il a beaucoup été dit que les deux otages du Burkina Faso avaient fait preuve d'irresponsabilité en se rendant dans une zone déconseillée par les autorités. La réalité est un peu différente : cette zone n'était pas encore classée dangereuse au moment où ils s'y sont rendus. Elle ne l'a été que plus tard au cours de leur séjour. Quand bien même, affirmer que nous n'aurions pas dû « sacrifier nos hommes pour deux inconscients » relèverait d'une grande erreur de jugement. L'armée ne décrète pas une opération à l'aune des personnalités à secourir. Quel que soit l'individu pris en otage, une unité risquera sa vie pour lui. Sa valeur ne se mesure pas en fonction d'une échelle de mérite. Peu importe qu'il soit un saint ou un repris de justice, une célébrité ou un inconnu, un PDG ou un chômeur, un vieillard ou un enfant. Nous ne secourons pas un être humain en fonction de ce qu'il est susceptible d'apporter à la société. Le principe fondateur des unités spéciales de l'armée est de secourir ceux qui sont en détresse, quels qu'ils soient. C'est notre raison d'être et notre responsabilité.

En France, les unités des forces spéciales rassemblent 2 000 opérationnels toutes armes confondues et environ 400 pour les commandos marine. C'est un petit milieu au sein duquel tout le monde se connaît à force de se croiser en mission. Lorsqu'une caméra de télévision filme une équipe en opération, je parviens presque toujours à identifier les collègues malgré leur masque. Les médias évoquent certaines de nos opérations, mais la plupart ne sont jamais rendues publiques. Nos familles et nos proches connaissent notre métier mais ignorent le contenu de nos missions. Nous intervenons à l'étranger pour capturer des ennemis, neutraliser des terroristes ou libérer des otages, le plus souvent en Afrique ou au Moyen-Orient. Tous les hommes de nos unités sont passés par une sélection drastique. Ils possèdent un profil spécifique et un mental éprouvé par un stage parmi les plus durs de la planète. Se rendre sur le théâtre des opérations signifie se confronter au feu – le calice suprême pour un militaire. À nos yeux, c'est ce qui fait la différence entre les véritables soldats et le reste du monde. Le terrain ne ment jamais : certains se révèlent capables de dominer leur peur, d'autres flanchent. Nous suivons un entraînement des plus pointilleux et apprenons toutes les tactiques imaginables dans un unique but : l'emporter sur l'ennemi. Nous ne souhaitons pas la guerre, mais, lorsqu'elle est déjà là, c'est à nous que revient de mener le combat. Nous défendons notre camp contre ceux qui ont juré de le détruire. Nous protégeons nos familles, nos proches, notre patrie. En mission, nous veillons les uns sur les autres. Nous savons que les nôtres ne nous abandonneront pas, ce qui crée parmi nous une indescriptible fraternité.

Lorsque nous réussissons une mission, nous n'en tirons aucune gloire publique car nous agissons la plupart du temps dans l'ombre. Ce ne sont ni les honneurs ni les récompenses qui guident nos pas. Nous sommes des soldats, nous avons choisi de servir, nous connaissons les risques, les sacrifices et le prix à payer. Nous avons pris cette voie pour des raisons qui sont propres à chacun mais nous partageons le même sens des responsabilités. Nous avons décidé d'agir plutôt que de subir, de donner une raison d'être à nos existences, de prendre part à un combat pour que d'autres demeurent libres et en sécurité.

Un homme de l'ombre n'a pas vocation à apparaître dans la lumière. Si j'ai décidé d'écrire ce livre, ce n'est ni par volonté de transgression ni par désir de satisfaire mon ego. J'ai pris cette décision car j'estime qu'il est de mon humble devoir de faire comprendre à nos concitoyens les enjeux de la guerre contre le terrorisme islamique, mais aussi de leur faire prendre conscience qu'il existe des hommes qui risquent leur vie pour préserver leur liberté. Au-delà des fantasmagories, des clichés ou des images d'Épinal, j'ai voulu décrire la réalité des forces spéciales avec le plus de précision possible. Les récits que je dévoile à travers les pages qui suivent n'ont jamais été contés, ils sont habituellement frappés du sceau du secret ou ne sont rendus publics qu'avec une extrême parcimonie. En tant que soldat, j'ai combattu les ennemis de la France. En tant qu'individu responsable, j'estime que le temps est venu de combattre ces mêmes ennemis sur le plan des idées. En tant que serviteur de notre pays, je veux dire aux jeunes Français qu'il revient à chacun d'entre nous de jouer un rôle dans ce combat.

Chapitre 1
Changement de programme

J'ai grandi avec la notion de service ancrée en moi. Cette valeur m'a été enseignée au sein de ma famille et au contact de mes amis. Pour autant, je n'avais jamais songé à m'engager dans l'armée avant l'âge adulte. Originaire des Pyrénées-Atlantiques, j'ai suivi une scolarité sans encombre ni éclat, avant de m'orienter vers des études de sciences physiques à l'Université. J'avais des facilités dans les matières scientifiques et me destinais alors à une carrière d'enseignant. Si j'étais motivé par la perspective de prendre part à l'instruction des enfants, dès ma deuxième année de licence j'ai pris conscience que la profession à laquelle je postulais consisterait à rabâcher chaque année le même programme dans une routine qui ne tarderait pas à m'ennuyer. En parallèle, un autre avenir professionnel commençait à se dessiner. Mon père avait passé son brevet de pilote lorsqu'il était adolescent, ses parents lui ayant fait ce cadeau en compensation de l'avoir envoyé très tôt en pension. Durant toute mon enfance, il n'avait cessé de me taquiner en me répétant qu'un jour, peut-être, moi aussi je serais capable de faire voler un avion. J'ai profité du temps libre que me laissait la fac pour me trouver un petit boulot dans la restauration rapide afin de financer des cours de pilotage. Dès mes premières leçons, j'ai adoré la sensation de survoler les montagnes. Constatant ma motivation, mon instructeur, un pilote militaire d'hélicoptère, m'a conseillé le concours d'entrée des élèves-officiers du personnel navigant. Après avoir passé les tests avec succès, j'ai décidé d'abandonner la fac.

J'ai consacré les trois années suivantes à passer mes brevets professionnels : diplôme théorique de pilote à l'école de l'Air de Salon-de-Provence, puis diplôme pratique à Cognac. Je travaillais dur pour préparer chacun de mes vols. Je m'entraînais sur des avions garés dans le hangar pour réviser les check-lists, les procédures ou les spécificités de l'appareil. Ces années de formation intensive m'ont appris la rigueur et la discipline d'un métier où l'erreur se paie comptant. Plusieurs heures de préparation étaient nécessaires pour un simple vol d'une heure. Tout devait être vérifié et contre-vérifié : la météo, le vent, les obstacles au sol, les volumes aériens, les fréquences radio et même les horaires du restaurant de l'aéroport où nous devions nous poser pour déjeuner. Quant aux vols, ils étaient exaltants, mais aussi source de stress tant ils exigeaient une attention constante. À force d'obstination, j'ai intégré ce que signifiait être professionnel.

Après avoir passé la théorie, j'ai commencé à piloter des TB10, des avions monomoteurs à hélice, puis des Grob 120, qui étaient qualifiés à la voltige. L'instructeur avait l'œil et l'oreille sur tout. Chaque geste que j'effectuais dans le cockpit devait être mesuré avec minutie. À la première négligence, je savais que l'instructeur ne manquerait pas de me corriger au débriefing. Parfois, un vol pouvait se transformer en punition, comme lorsque je me retrouvais «derrière l'avion». C'était le cas, par exemple, si un appel radio interrompait ma check-list de sortie de virage alors que je remontais en altitude pour éviter un relief. Tout s'accélérait dans un laps de temps très bref. Je devais terminer ma check-list après l'échange radio avec le contrôleur, tout en gardant un œil sur mon cap et mon altimètre qui défilait. Si, comme cela arrivait souvent, un autre imprévu s'ajoutait, alors le rythme devenait infernal et je me mettais à suer à grosses gouttes malgré la climatisation. Voler était grisant lorsque tout se passait bien, mais dès que j'oubliais un élément dans la précipitation, cela devenait compliqué à gérer. Il fallait très rapidement remonter le fil de mes actions sans oublier d'anticiper celles à venir. Les séances de voltige, davantage techniques, m'étaient plus agréables car j'avais moins d'informations à traiter dans le cockpit.

C'est à cette époque que j'ai commencé à pratiquer la boxe. Je suivais trois entraînements par semaine et participais à des combats le week-end. Boxer m'a appris à endurer la douleur autant qu'à me discipliner. La pesée pour les compétitions nécessite une certaine hygiène de vie, et s'engager à monter sur un ring, face à un adversaire qui veut vous mettre KO, impose de ne pas reculer. Des boxeurs se débinaient souvent au dernier moment. Lorsque l'un de mes adversaires ne venait pas, j'étais déclaré vainqueur par forfait. Pour moi, il ne s'agissait pas d'une victoire au rabais: j'avais tenu mon engagement et pas l'autre. Je ne comprenais pas que quelqu'un qui s'était engagé auprès de son entraîneur et des autres compétiteurs ne tienne pas parole. Monter sur un ring est pour moi une expérience quasi mystique: le corps et l'esprit disent non, refusent la souffrance que ne manquera pas de provoquer le combat. Et, pourtant, je monte sur ce ring avec l'assurance de prendre des coups. Je dois surmonter ma peur à chaque combat. C'est une souffrance choisie, donc assumée. J'avais connu des KO à l'entraînement, je savais ce que cela signifiait. Je suis quand même remonté sur le ring. Cette école de la combativité me sera très utile par la suite.

Lorsque l'heure fut venue de rejoindre une nouvelle affectation dans le transport des troupes, je me suis mis à douter de mon engagement dans cette voie. J'étais conscient que je n'excellais guère comme pilote. Certains de mes camarades parvenaient aux mêmes résultats que moi sans travailler beaucoup, alors que j'étais contraint de bûcher énormément pour me maintenir à niveau. Je ne pouvais que constater qu'ils avaient la fibre en eux et que ce n'était pas mon cas. J'avais davantage brillé lors de ma formation militaire initiale : le travail en groupe sur le terrain, le bivouac ou le tir me convenaient bien mieux que la gestion d'un cockpit. Un épisode m'avait fait beaucoup réfléchir. Lors de ma formation à Cognac, une campagne de sauts en parachute avait été organisée pour le GCP (Groupement commando parachutiste). L'avion et son équipage restaient une semaine sur la base pour effectuer une série de vols dans la perspective de manœuvres. On me proposa d'assister à une séance de sauts depuis l'arrière du Transall. J'acceptai sans hésiter. J'accompagnai donc ces parachutistes à 3 000 m d'altitude, accroché par un harnais à l'intérieur de l'appareil. Après de longues minutes à patienter en ordre de saut, la rampe arrière s'ouvrit sur le vide. Je ressentis alors une montée d'adrénaline exaltante. Le saut fut, hélas, annulé à cause d'un problème météo, mais l'image de ces guerriers équipés de leurs armes qui attendaient silencieusement dans la soute m'avait profondément marqué. Les voir si sereins à l'idée de se jeter dans le vide attisait mon envie d'autre chose. De retour sur le plancher des vaches, la conversation que j'ai eue avec eux me conforta dans cette idée. Je voulais faire comme eux : sauter, plonger, affronter l'ennemi là où il s'y attendait le moins. Par-dessus tout, je ressentais le besoin de vivre cet esprit de corps, cette fraternité d'armes.

Après de longs mois de réflexion, un bref instant scella mon destin. Au cours d'un vol de plusieurs heures sans visibilité extérieure, le nez dans la cabine de pilotage, une torpeur s'empara soudain de moi. Alors que j'étais censé surveiller en permanence les instruments, je commençais à piquer du nez. En essayant de me secouer, je prenais conscience que je venais de franchir un point de non-retour. Ce cockpit climatisé n'était pas pour moi. Je voulais être dehors, sentir le vent, la pluie, le soleil et les embruns. J'étais fait pour éprouver mon corps et mon esprit sur le terrain.

Cette décision fut difficile du fait que mes années dans l'armée de l'air avaient tout de même été exaltantes. L'ambiance de promotion était incroyable, les vols étaient passionnants, nous travaillions dur, mais nous savions faire la fête ensemble pour faire retomber la pression. J'avais eu la chance d'effectuer des vols sur toutes sortes d'aéronefs, de l'hélicoptère à l'avion de transport en passant par l'avion de chasse. Cette période restera une aventure précieuse d'un point de vue professionnel. J'avais conscience que changer d'armée et de métier impliquait de changer de vie. Car j'avais choisi de me mesurer à ce qu'il y avait de plus dur dans mon esprit : les commandos marine.

Parvenir à atteindre cet objectif avait nécessité de longs mois, durant lesquels j'avais entrepris les démarches tout en terminant mon cursus et en validant mon diplôme de pilote professionnel. Changer d'armée est un petit parcours du combattant pour lequel il ne suffit pas de remplir des formulaires. Je passais des centaines d'heures au téléphone à contacter des gens susceptibles de m'aider. Mes interlocuteurs ne comprenaient pas vraiment ma décision et j'avais du mal à l'expliquer. Je renonçais à une belle carrière dans l'aéronautique avec un avenir tout tracé pour une perspective bien plus floue. Mes parents, toujours très présents, ne se montraient, eux aussi, guère rassurés. J'avais conscience du trouble que je leur causais mais j'étais habité par quelque chose qui me dépassait. En parallèle, je commençais à m'entraîner d'arrache-pied en vue de mon stage de sélection. Je disposais de bonnes bases physiques mais j'étais très loin de répondre aux exigences pour entrer chez les commandos marine. C'était mon premier sujet de préoccupation. Je n'avais aucune idée précise de ce que l'on allait me demander. J'avais l'impression de me retrouver face à une montagne dont je ne distinguais même pas le sommet. Je basculais d'un métier exclusivement cérébral, où la concentration, la capacité de calcul, d'anticipation et de vision dans l'espace étaient primordiales, à un métier d'affrontement presque physique. Plutôt que de me laisser abattre par la quantité de travail et de sacrifices qui s'annonçait, j'agissais avec pragmatisme. Je me suis mis à découper le temps, me constituant un programme d'entraînement hebdomadaire avec l'aide d'un moniteur qui m'avait pris sous son aile. Celui-ci m'avait été désigné par le bureau des sports de la base lorsque je leur avais expliqué mon projet. Un membre de ce service m'avait glissé, avec un petit sourire, que c'était lui qu'il me fallait. Ce coach était un de ces gars qui avait laissé sa masse graisseuse au vestiaire pendant son adolescence. Il était taillé comme un athlète de la Grèce antique mais avec l'état d'esprit d'un adjudant de la Légion étrangère. Lorsque je m'étais présenté à lui dans la salle de gym, il m'avait toisé de haut en bas depuis le siège de son vélo d'intérieur, qui n'arrivait pas à suivre son rythme. Après que je lui ai demandé s'il acceptait de m'entraîner, il m'avait répondu, d'un ton laconique : « On verra. » Il me donna rendez-vous quelques jours plus tard, en treillis et rangers avec le sac à dos de 11 kg, la tenue réglementaire pour les marches commando. Toujours assis sur son vélo – un vrai, cette fois –, il me décrivit le parcours que je devais effectuer en courant : les 8 km des fusiliers de l'air de la base aérienne. Cette épreuve constituait à ses yeux une évaluation initiale de mon état de forme. Si j'obtenais un résultat convenable, il acceptait de m'entraîner. Comme toujours, l'armée me donnait ma chance, sans chercher à savoir qui j'étais ni d'où je venais. Je courus comme un dératé, sans m'économiser. Ma foulée était maladroite, mon sac était mal ajusté, mais à chaque ligne droite, à chaque virage, je parvenais à repousser mes limites. Mon cœur battait à tout rompre, mon corps ne savait pas ce qui lui arrivait. Moi-même, je n'étais pas trop sûr de ce que je faisais… Le moniteur, lui, me devançait tranquillement en pédalant sur son vélo. Il se retournait de temps à autre pour vérifier si je n'allais pas faire un malaise. Lorsque je passais devant les militaires qui marchaient en bord de route, il m'enjoignait de leur dire bonjour pour montrer que je dominais mon effort. Ce n'était pas le cas mais je m'efforçais tout de même de les saluer avec un sourire proche du rictus. Au bout d'un certain temps, le moniteur s'arrêta et me cria que c'était la ligne d'arrivée. Il stoppa son chronomètre dès que je passai devant lui. « Un peu moins de quarante minutes », lâcha-t-il. Comme je n'avais aucune idée de ce que cela signifiait, je lui demandais si c'était bon ou mauvais. « Tu as fait un meilleur temps que tous les fusiliers de la base », me répondit-il en esquissant un sourire satisfait. À demi voûté, transpirant toute l'eau de mon corps et peinant à reprendre mon souffle, j'étais au bord du malaise. Mon entraînement allait pouvoir commencer.

J'ai préparé mon stage pendant plus d'un an. Mon objectif était d'augmenter au maximum mes capacités physiques, de lire tout ce qui était possible sur la guerre moderne et de m'endurcir. Courir, nager, boxer, retenir mon souffle sous l'eau, faire des tractions et des pompes formaient mon quotidien. Je courais le soir après le travail, parfois jusqu'à minuit. Durant l'hiver, je courais parfois sous une pluie glaciale en tee-shirt et en bermuda. Je me chronométrais pour améliorer mon temps de quelques secondes chaque fois. Je n'avais qu'un objectif : tout donner pour ne pas nourrir de regrets. J'adoptais aussi le régime alimentaire que mon nouvel entraîneur me fixait, et comptais mes heures de sommeil. Je quittais ensuite l'armée de l'air avec l'accord de ma hiérarchie, qui resta bienveillante jusqu'au bout à mon égard malgré sa perplexité quant à ma décision. Je partis pour Lorient où se déroulait mon stage commando. J'avais troqué mes galons d'élève-officier pilote pour ceux de second maître. Je m'apprêtais à vivre une expérience qui fera de moi un autre homme.

Chapitre 2
Le stage

J'ai rejoint le stage commando à Lorient au début de l'année 2011 avec une centaine d'autres candidats. Le jour de notre arrivée, nous étions tous alignés au garde-à-vous devant le bâtiment principal dans l'air froid soufflé par l'océan Atlantique. Nous n'en menions pas large. Nous avons attendu une demi-heure en frissonnant avant que la porte ne s'ouvre et que l'ensemble de nos instructeurs ne fassent leur apparition. Aucun d'eux ne prononça un mot, ils se contentèrent de nous fixer droit dans les yeux. Leur uniforme nous impressionnait, avec leur béret vert et leur veste anglaise. Ces attributs représentent l'héritage de nos premiers commandos marine, qui avaient été formés au village écossais d'Achnacarry lors de la Seconde Guerre mondiale. Il s'agissait d'un groupe de jeunes gens qui avait rejoint les Forces françaises libres (FFL) et qui participera au débarquement en Normandie sous le nom de «Commando Kieffer». La légende prétend que, lorsqu'ils étaient arrivés sur le site écossais, leurs instructeurs leur avaient indiqué que les tombes à l'entrée du camp étaient celles des soldats qui avaient échoué durant leur formation... Avec les autres stagiaires, nous avons ensuite reçu notre paquetage et les consignes élémentaires. La première d'entre elles : à partir de maintenant, tous nos déplacements devaient s'effectuer exclusivement en courant. Nos conditions de vie étaient des plus sommaire : nous dormions dehors, nous n'avions pas accès à l'eau courante et les repas étaient le plus souvent constitués de rations militaires. Nous n'avions même pas de tente pour nous abriter en cas de pluie, seulement un poncho pour nous protéger du froid. Il nous arrivait de dormir directement sur le macadam, parfois sur un bout de terrain avec un peu d'herbe. Il m'est arrivé de dormir dans une flaque d'eau et de ne m'en apercevoir qu'au réveil, secoué par le tremblement de mes bras et jambes. Après les quinze premiers jours, nous aurons le droit de dormir en fin de semaine dans un baraquement en dur et de prendre une douche. Nous étions contraints d'effectuer des tours de faction, que l'on nomme « le quart » dans la Marine, souvent à 2 ou 3 heures – du matin, cela s'entend. Comme notre réveil était à 5 heures, nous attaquions la journée avec seulement des bribes de sommeil. Nous prenions un petit déjeuner au lance-pierre, puis nous devions nous placer en rang sur la place avant 6 heures. Nos instructeurs mettaient un point d'honneur à nous faire attendre, n'arrivant le plus souvent qu'une heure et demie plus tard. Nous faire attendre debout dans le froid était une façon de tester notre volonté. C'est souvent durant ces longs moments d'attente, sous la pluie glaciale, protégés seulement par nos vestes de treillis, que nous nous demandions, encore hébétés par le manque de sommeil : « Mais qu'est-ce que je fais là ? » Le doute s'emparait souvent de nous à ce moment-là.

Le stage commando représente ce que l'on peut faire de plus extrême en la matière sur le sol français. Les exercices s'enchaînaient toute la journée sans le moindre répit. Nous pratiquions trois parcours du combattant: «commando», «assaut» et «jungle». Chacun d'eux était chronométré et s'effectuait avec son sac et son arme, ce qui correspondait à une dizaine de kilos. Le premier parcours était très technique, le deuxième s'achevait dans l'eau et le troisième était d'une telle intensité que la plupart des gars le finissaient en vomissant leurs tripes. Certains passages imposaient d'évoluer en hauteur à 9 m, sans dispositif de sécurité en cas de chute. Lorsque nous avions fait la reconnaissance des parcours, nos instructeurs nous avaient indiqué de manière précise chacun des gestes que nous devions effectuer. Par exemple, sur une épaisse corde qui descendait le long d'un mur, il fallait prendre garde à ne pas se râper les mains, sans quoi elles finiraient en sang. Il existait une méthode pour placer ses bras afin d'éviter de se blesser. Ce n'était pas un détail : une blessure anodine engendrait une infection, et une infection signifiait la fin du stage. C'était à nous de préparer les parcours, le plus souvent sur le temps du déjeuner. Nous avalions donc nos repas tout en tendant des cordes, montant des poulies et installant les bouts[1]. Sous la chaleur, la pluie ou le vent, les obstacles restaient les mêmes et chaque étape devait s'effectuer avec une précision identique. Que le terrain glisse à cause des intempéries n'était jamais une excuse pour nos instructeurs. Chaque épreuve nous obligeait à réfléchir le plus vite possible sur les options qui offraient le plus de chances de succès. La prudence n'était une option que

1. Cordage, pour un marin.

si elle permettait de mieux réussir, mais elle ne l'était pas pour se protéger. La logique était souvent contre-intuitive, comme lorsqu'il fallait courir le plus vite possible sur un obstacle en hauteur pour conserver son équilibre plutôt que d'avancer prudemment. Ralentir était risqué car un homme qui tombe de haut avec son arme et son sac s'expose à une blessure quasi garantie. Les exercices étaient si dangereux qu'il est surprenant qu'il n'y ait pas eu de mort. Les blessés graves, en revanche, ont été légion. Le service de santé, composé d'un ou deux infirmiers et parfois d'un médecin, assistait à la plupart des exercices pour intervenir en cas de besoin. Un jour, un candidat a fait une chute de plusieurs mètres lors d'une épreuve où nous devions courir sur un rondin… Sa réception au sol avait été si violente que l'équipe de santé qui s'affairait autour de lui soupçonnait une lésion de la moelle épinière. J'ai franchi l'agrès juste au-dessus de lui. Quand j'ai vu un infirmier lui faire un maintien de tête, j'ai su que la situation était grave. Dans un instant d'hésitation, j'ai ralenti ma progression en regardant l'instructeur le plus proche de moi. Celui-ci me hurla de poursuivre ma course sans me soucier de ce qui se passait. Sans réfléchir, je bondis alors sur le rondin qu'il fallait franchir. Tandis que j'oscillais en essayant de garder mon équilibre, mon regard croisa celui de mon infortuné camarade. Ses yeux étaient écarquillés et ses traits défigurés par la souffrance. L'espace d'une seconde, je me suis demandé ce que je faisais dans ce stage de fous… Mon collègue blessé quittera la base en chaise roulante mais se remettra par la suite.

Notre emploi du temps était aussi rythmé par de nombreuses marches – qui, contrairement à ce que laisse supposer leur nom, se pratiquent en courant. Avec arme et paquetage, nous parcourions des distances allant de 8 à 30 km, dotées d'un solide dénivelé. Le corps en sortait toujours éprouvé, surtout aux niveaux des pieds et de la colonne vertébrale. Les marches s'achevaient par l'épreuve de la « cuve » : un cylindre en béton armé de 30 m de diamètre enfoui dans le sol et dont le fond était rempli d'environ 6 m d'eau. On y descendait tout habillé par une échelle, sauf dans certains cas où l'on devait s'y jeter. Une fois en bas, on s'immergeait sur un plot avant de plonger au fond de l'eau dans l'obscurité. Un plongeur en bouteille était chargé de vérifier que chaque candidat descendait bien au plus profond et prévenait les instructeurs en tapant sur une barre métallique. Les cadres du stage commando nous observaient d'en haut, avec le service de santé équipé de brancards et d'une bonbonne d'oxygène. En fonction de la météo, l'eau pouvait parfois être claire mais la plupart du temps elle restait opaque. La cuve provoquait chez nous une angoisse étrange. Il s'agissait d'un défi moins physique que psychologique. Après tout, plonger à quelques mètres de fond n'était pas si difficile. Mais le froid, la pression des instructeurs et la fatigue s'ajoutaient à la partition. Lorsque l'exercice se déroulait de nuit, évoluer dans l'eau sans rien voir était particulièrement oppressant. Avec la fatigue de la marche, descendre au fond provoquait aussi une intense pression sur les oreilles. Nous en ressortions sonnés.

À la moindre erreur commise par le groupe, le tarif était de 80 pompes, des tours de bâtiments avec les Zodiac portés au-dessus de la tête, ou d'autres épreuves physiques. Mais nos instructeurs privilégiaient aussi une autre sanction : le passage « au bac », un grand baquet en plastique rempli d'eau froide dans lequel nous devions nous immerger tout habillés avec nos sacs. Une sorte de rappel permanent au «milieu naturel» des hommes de la mer… Cette punition peut paraître anodine mais elle ne l'est pas. Après avoir transpiré lors des exercices, être plongé dans une eau à une température très inférieure à celle du corps annihilait toute énergie dès lors que notre organisme puisait dans ses réserves pour tenter de se réchauffer. En sortant du bac, il nous fallait un long moment avant de cesser de grelotter. Nerveusement, c'était très pénible. Je suis incapable de compter le nombre de fois où nous sommes passés au bac, d'autant que les instructeurs pouvaient nous ordonner d'y aller plusieurs fois de suite. J'ai été tellement marqué psychologiquement que l'eau a fini par m'inspirer une forme de dégoût, que je mettrai près d'un an à surmonter. Les bacs étaient situés juste derrière le stage co, notre point de rendez-vous après les exercices. Les instructeurs jouaient souvent avec la pression psychologique due à la proximité de ce bac. Parfois, ils rôdaient autour de nous, comme s'ils étaient à la recherche d'un prétexte pour nous envoyer dans l'eau. Ils improvisaient une fouille des poches ou une revue des sacs et se montraient invincibles à ce jeu ! Ils étaient comme des chiens de chasse. Chacun d'entre nous faisait alors une rapide revue mentale de ce qu'ils pourraient trouver dans nos affaires. Aucun recoin de sac ou revers de manche ne leur échappait. Et lorsqu'ils tombaient sur un stagiaire avec un camouflage du visage ou des mains mal entretenu, voire une gourde non pleine à ras bord, ils commençaient leur jeu psychologique. J'ai vu les plus rusés des stagiaires ouvrir leur gourde à laquelle il manquait 1 cm d'eau et y glisser furtivement un caillou trouvé par terre pour ramener le niveau à hauteur du goulot. Lorsque les instructeurs passaient devant nous, chacun regardait droit devant lui, en priant de ne pas devoir aller au bac. Ils nous posaient des questions innocentes comme : « Tu en es content, de ton camouflage ? Comment vas-tu faire pour survivre si ta gourde n'est pas pleine ? » Et ils finissaient par envoyer le stagiaire coupable au bac. Puis, avec un visage de marbre, ils regardaient son voisin en lui demandant s'il se sentait bien de voir son camarade y aller seul. Nous nous déplacions alors comme un seul homme pour plonger dans les bacs sous les hurlements de l'instructeur.

Dans le bâtiment face à nous, se trouvait une vitre sans tain à travers laquelle les cadres du stage co nous observaient pour jauger nos réactions. Parfois, lorsque nous étions au garde-à-vous, l'un d'eux ouvrait la vitre et nous criait : « Plouf ! » Nous devions alors courir vers les bacs, sauter dedans à tour de rôle, puis nous replacer dans les rangs le plus vite possible. Un jour, alors qu'il ne faisait pas très froid, passer au bac fut encore plus pénible que d'habitude. Nous étions au garde-à-vous en tremblant de tous nos membres, exténués par les exercices nocturnes et les épreuves quotidiennes, quand deux candidats sont tombés dans les pommes. Après que les infirmiers les ont pris en charge, un membre du service de santé a lancé à notre instructeur : « Ils sont en hypothermie, ils risquent de mourir. » Pour une fois, nous avons tous eu droit à une douche chaude aux cotés de nos camarades, qui étaient emmitouflés dans des couvertures de survie avec un masque à oxygène sur la figure.

Il existait un conflit permanent entre nos instructeurs et les infirmiers. Les premiers cherchaient à nous pousser le plus loin possible tandis que les seconds entreprenaient sans succès de leur faire prendre conscience des risques que nous encourions. Ils agissaient comme un garde-fou et entraient parfois en conflit avec les instructeurs. Lorsque le service de santé n'était pas présent, nous le sentions rapidement au cours de l'exercice.

Pour nous adresser à nos instructeurs, nous devions les appeler « patron ». Eux nous désignaient par les numéros qui nous avaient été assignés en début de stage, jamais par nos noms. À leurs yeux, nous étions anonymes, au point qu'ils nous confondaient souvent. Ce n'est qu'au bout de plusieurs semaines qu'ils ont commencé à distinguer certains stagiaires par leurs performances lors des exercices. Nous ne parlions pas entre nous, ou seulement lorsque les instructeurs n'étaient pas là. Si un instructeur surprenait deux candidats en train d'échanger quelques mots, il les faisait sortir du rang et ils recevaient une réprimande qu'ils n'oubliaient pas. Nous en sommes arrivés à développer des moyens de communication par le regard ou par des gestes. J'avais perdu 8 kg lors des deux premières semaines et sentais que je ne cessais de m'affaiblir. À force de ne dormir que quelques heures par nuit, de manger très peu et d'enchaîner les épreuves physiques, nous étions en permanence dans un état second. Pour nous maintenir sur la brèche, les instructeurs ne nous laissaient quasiment aucun temps libre. Nous étions soit en train d'effectuer des exercices, soit au garde-à-vous sur la place principale. Nous n'avions plus de montre, ce qui nous faisait perdre la notion du temps. Nous vivions dans l'incertitude permanente de ce que nous ferions l'instant d'après. Les instructeurs jouaient beaucoup sur le fait que les candidats ne savaient pas ce qui les attendait pour accroître la pression. À notre arrivée, le stage comptait 140 candidats mais l'effectif fondit au fil des jours. Le matin, un rituel s'était établi. Après nous avoir fait attendre plus d'une heure au garde-à-vous, l'un des instructeurs nous criait : « Qui veut quitter ? » Chaque fois, aux prises avec le désespoir, fatigués, plusieurs mains se levaient. Parfois une ou deux, parfois une dizaine. L'instructeur les faisait sortir des rangs et leur ordonnait de se placer sur le côté. Il nous adressait ensuite un petit laïus pour les démissionnaires, puis ceux-ci partaient prendre une douche chaude dans les baraquements et se voyaient offrir un copieux petit déjeuner. Lorsqu'ils quittaient la base, nous les voyions passer dans des vêtements propres et rasés de près. De notre côté, nous restions-là, avec nos treillis trempés, sales, et des blessures un peu partout. Les instructeurs ne faisaient rien pour retenir les candidats. Au contraire, ils poussaient certains dans leurs retranchements, leur intimant des sentences telle que : « Toi, je suis certain que demain tu compteras parmi les partants ! »

Nos réussites aux épreuves déterminaient notre position dans le classement final, mais nous ignorions jusqu'à quelle place les stagiaires décrocheraient leur béret. Les instructeurs ne nous informaient jamais de nos chronos à l'issue des exercices et ne faisaient aucun commentaire sur nos performances. Nous pouvions quand même déterminer à peu près où nous nous situions dans le classement du fait que pour certaines épreuves les instructeurs faisaient passer les plus rapides en premier. Je savais donc que je m'en sortais plutôt bien jusqu'à ce que mon bilan soit terni par une double chute dans la cuve. L'incident eut lieu lors d'un parcours assaut, celui dont les obstacles nécessitent le plus de lucidité pour ne pas commettre d'erreur. Vers la fin, au moment d'un passage sur une corde au-dessus de la cuve dans la position du cochon pendu, j'ai été déséquilibré. J'étais alors en troisième position et m'apprêtais à doubler le deuxième candidat lorsque le poids de nos sacs a provoqué un mouvement d'oscillation et j'ai lâché prise. Tombé au fond de la cuve, j'ai même failli perdre mon arme qui s'était décrochée. Après l'avoir récupérée *in extremis* avant qu'elle ne coule, j'ai été envahi par un sentiment d'échec en remontant l'échelle, trempé jusqu'aux os. Comme à chaque épreuve, j'étais obnubilé par la crainte de faillir, de faire un mauvais temps. C'était une idée fixe chez moi : comme je redoutais le jour où je serais physiquement diminué, je voulais assurer mes arrières en réalisant à chaque fois le meilleur temps possible. Le podium ne m'intéressait pas, je voulais simplement survivre au stage. Une fois remonté, j'ai fait le tour en courant pour repasser sur la corde. En tentant de rattraper mon retard, j'ai provoqué un nouveau tremblement. À cet instant, j'ai entendu un instructeur crier « Plongeur ! » pour prévenir de ma probable chute. Ce cri m'a surpris et j'ai de nouveau lâché prise avant de tomber à l'eau. Ce second échec m'a achevé psychologiquement. J'ai terminé le parcours au troisième passage mais j'étais submergé d'idées noires, convaincu que cette déconvenue signifierait la fin de mon stage. Dans ma tête, c'était l'apocalypse. Jusqu'alors, j'étais parvenu à résister à tout, mais cette fois j'avais la sensation d'être à terre. Pourtant, même au plus mal, je n'ai jamais envisagé l'abandon. Ils pouvaient me virer mais je ne partirais pas de moi-même. Par bonheur, mes autres temps de parcours avaient compensé ce piteux résultat.

Au cours du stage, l'ensemble des stagiaires subissaient un « coxage » à un moment inconnu : une simulation d'enlèvement par les instructeurs et des militaires inconnus pour ajouter à notre confusion. L'objectif de cet exercice était de tester à l'extrême nos capacités de résistance. La première phase consistait en un interrogatoire musclé et la seconde en une période d'emprisonnement. En cellule, nous étions menottés et privés de toute nourriture. Lorsque nous nous endormions, nous étions réveillés par un seau d'eau. Une telle pression psychologique dépassait tout ce que nous avions connu. Comme les autres, j'ignorais quel jour ou quelle nuit mon tour viendrait. Lorsqu'il est arrivé, je n'ai pas été déçu. Les interrogatoires ont duré toute la nuit, et je n'en dévoilerai pas ici les méthodes afin de préserver le secret de cette épreuve. Je peux seulement dire que j'ai subi la plupart ce qu'on peut voir dans un interrogatoire de film de guerre. C'est un moment horrible où tout le monde finit par craquer, plus ou moins tôt. J'en ai conservé quelques cicatrices, encore à ce jour. Le but du coxage est de nous faire prendre conscience de ce que signifie être pris par l'ennemi, car ce que nous subirions « en réel » ne serait même pas un centième de ce que nous avons enduré au cours de l'exercice. Mon coxage s'est terminé sur un retournement de situation inattendu : en pleine nuit, on m'a enlevé ma cagoule pour la remplacer par un casque de protection. J'ai entendu quelqu'un m'ordonner : « Tu dois t'évader ! », puis j'ai été jeté dehors avec la tête qui tournait. Mes membres étaient ankylosés et mes mains tuméfiées par les menottes. Malgré l'obscurité, j'ai tout de suite aperçu la « sentinelle » qui se présentait en face équipée avec des protections de boxe. Lorsque je suis arrivé à sa hauteur, j'ai hésité. Mon adversaire n'était pas en garde, il faisait mine de patrouiller. En m'avançant vers lui, de manière instinctive je lui ai lancé : « Excusez-moi, je dois aller chercher mes clefs. » En désignant un endroit au hasard tout en m'avançant vers lui. Alors qu'il fronçait les sourcils sans comprendre ce que je lui disais, je lui ai décroché un coup de poing qui m'a moi-même surpris, suivi de plusieurs autres. L'effet de surprise a joué en ma faveur et mon adversaire n'a pas eu le temps de répliquer. Peu de temps après mon coxage, j'ai enchaîné avec l'exercice de « survie » : l'ensemble du groupe devait se libérer d'un camp en progressant sur un parcours, puis survivre par ses propres moyens sur une île durant deux jours.

Après les quatre premières semaines d'évaluation, nous avons entamé deux mois de formations plus pointues. Le principal objectif de la première période était de nous éprouver physiquement et moralement, la suite était davantage portée sur des exercices plus proches de situations réelles. À ce moment du stage, de nombreux candidats avaient déjà jeté l'éponge. D'autres abandonneront encore, mais à un rythme moins dense. Nous traînions nos blessures et accumulions la fatigue mais nous ne pouvions pas baisser la garde. Lors de la première partie du stage, pour éviter d'endommager des armes neuves, nous avions reçu des fusils-mitrailleurs hors d'usage. C'étaient des armes rouillées avec une sangle mal attachée qui dataient de l'époque de la guerre d'Algérie. Lors des exercices, nous faisions seulement semblant de tirer. À présent que nous étions amenés à pratiquer le tir, nous avions troqué ces vieilleries contre des fusils en état de marche. Nous apprenions les bases de la guérilla : le maniement des explosifs, le combat en terrain ouvert ou en ville, le camouflage, les transmissions, le corps à corps, l'escalade, la navigation. Les mises en situation sont devenues de plus en plus complexes. Nous pouvions passer des jours et des nuits à préparer nos missions jusqu'au moindre détail. Les instructeurs pouvaient aller jusqu'à nous demander quel type de feuillage auraient les arbres d'un pan de forêt que nous devions traverser pendant une infiltration. Malgré l'appui des plus hautes technologies, je constaterai plus tard que notre métier nous imposait de garder un bon sens élémentaire et souvent d'agir avec le plus de simplicité possible. Un jour, un officier commando marine m'a soufflé : « Ce qui est simple sur le papier est compliqué à exécuter sur le terrain, et ce qui est compliqué sur le papier est impossible à exécuter sur le terrain. » Cette leçon se vérifiera plusieurs fois au cours de ma carrière.

Les raids nautiques en Zodiac pour aborder des « plages hostiles » étaient un classique de notre formation. Toujours de nuit, ils duraient plusieurs heures sur une mer houleuse, agrémentée parfois d'une légère pluie. Nous étions équipés sommairement, avec un simple ciré mal ajusté au-dessus de nos treillis. La moindre vague nous imprégnait d'eau et nos sacs sanglés à l'avant du bateau subissaient le même sort. L'eau froide ruisselait dans nos nuques.

Mon pire raid d'entraînement n'avait duré que deux heures à l'aller, mais l'abordage de la plage avait viré au fiasco. À l'approche du littoral, les vagues avaient retourné plusieurs embarcations. Sur nos cinq Zodiac, trois avaient chaviré, dont certains à plusieurs reprises. Nous avions dû remorquer l'un d'eux, dont le moteur s'était noyé. Deux camarades de mon embarcation étaient passés par-dessus bord ; il ne restait que le motoriste, qui tenait le manche du moteur, et moi, l'aide-motoriste, dont le rôle était d'assurer l'alimentation en carburant. Avec le Zodiac rempli d'eau jusqu'aux genoux, nous avancions avec la plus grande peine. Sous la force des vagues, le réservoir d'essence s'était détaché des sangles qui le maintenaient au plancher de l'embarcation. Je le tenais donc d'un bras, tandis que je maintenais de l'autre l'extrémité du tuyau d'alimentation contre le moteur. Je le serrais dans mes bras comme si ma vie en dépendait au milieu des vagues noires qui déferlaient. Si nous tombions en panne, c'était le naufrage assuré. Lorsque notre Zodiac a, enfin, atteint la plage, en me retournant vers la mer j'aperçus une constellation d'éclats lumineux à l'horizon : c'étaient les feux de détresse des gilets de sauvetage de nos camarades qui avaient été automatiquement activés par le contact de l'eau. Les naufragés ont mis environ quarante-cinq minutes pour atteindre le rivage. Par chance, il n'y eut ni blessé ni disparu. Cet échec collectif n'a en rien refroidi les ardeurs de nos instructeurs. Sans attendre que les derniers « rescapés » reprennent leur souffle, nous avons dû transporter les Zodiac, leurs moteurs et tout le reste du matériel à travers toute la plage, avant d'entamer la suite de la mission jusqu'à l'aube. Malgré l'épuisement, aucun d'entre nous n'a baissé les bras cette nuit-là. Le concept d'abandon s'était progressivement effacé de nos esprits. Face à un échec, il fallait persister, changer d'approche, persévérer. « S'adapter pour dominer ! », nous répétaient les instructeurs. C'est une leçon de vie que je n'oublierai jamais.

Nous pratiquions aussi de nombreux exercices topographiques – des « topos », dans notre jargon. Pour nous repérer, nous disposions d'un GPS, d'une carte, ou alors nous devions nous débrouiller avec des points intermédiaires. Les parcours étaient jonchés d'obstacles compliqués à traverser, comme des rivières ou d'imposantes broussailles, et il nous était interdit de prendre les routes ou les chemins, pour éviter de croiser l'ennemi. Il m'est aussi arrivé de me faire poursuivre par des sangliers ou des chiens. Les topos de nuit consistaient à se rendre d'un point A à un point B sur une distance de 30 km dans l'obscurité. L'épreuve débutait lorsque le soleil se couchait et s'achevait le plus souvent à l'aube. Après avoir multiplié les exercices toute la journée, crapahuter la nuit donnait une certaine idée de l'enfer. Pour les topos par étapes, nous devions repérer des boîtes en fer dissimulées au pied d'un arbre, à l'intérieur desquelles figurait un message indiquant l'étape suivante. Nous étions censés le faire seul, mais si nous tombions sur un collègue nous finissions le trajet ensemble sans nous faire repérer par les instructeurs qui patrouillaient. Ceux qui se déplaçaient à pied étaient les plus dangereux car nous ne les entendions pas arriver, surtout quand ils se planquaient derrière un buisson pour nous surprendre. Ceux qui utilisaient une voiture se faisaient repérer plus facilement. Dès que nous entendions un bruit de moteur sur une route à proximité, nous courions pour la suivre car nous savions que l'instructeur ne pouvait pas nous entendre courir avec le bruit du moteur et qu'il allait vérifier les balises qui contenaient la direction suivante, et cela nous évitait de perdre du temps à les chercher. C'était l'une des astuces un peu roublardes pour gagner du temps… Lors d'un topo, je suis passé à deux doigts de la correctionnelle en perdant mon arme. Je l'avais laissée posée en traversant un fourré et je ne me suis rendu compte de son absence que quelques kilomètres plus loin, l'esprit embrouillé par la fatigue. J'avais heureusement une idée précise de l'endroit où je l'avais laissée et j'ai pu la retrouver en revenant précipitamment sur mes pas. C'était un bon électrochoc qui m'avait permis de ne plus jamais oublier mon arme sur le terrain.

Repousser sans cesse nos limites physiques n'était pas sans conséquences. Un week-end, en retirant mes rangers, je me suis rendu compte que mes pieds avaient doublé de volume, au point que je ne pouvais plus remettre mes chaussures. Mes veines avaient tellement souffert des marches répétées que j'ai fait un œdème massif. J'ai mis mes jambes en l'air avec de la glace pendant un long moment et mes pieds ont fini par reprendre un aspect à peu près normal. Au milieu du stage, j'ai souffert d'une infection causée par un ongle incarné et me suis mis à boiter de plus en plus. Même en portant une attention particulière à l'hygiène des pieds – une règle essentielle pour n'importe quel soldat –, ne pas avoir accès à l'eau courante et passer beaucoup de temps dans des eaux poisseuses n'a pas arrangé les choses. J'ai essayé de tenir le plus longtemps possible mais la douleur a fini par devenir trop handicapante. Certains jours, nous avions la possibilité de solliciter des soins aux infirmiers sous le regard des instructeurs. L'un d'eux demandait, devant tout le monde: «Y a-t-il des volontaires pour l'infirmerie?» et certains sortaient du rang. D'autres évitaient de le faire car cela aurait pu être considéré comme un aveu de faiblesse aux yeux des instructeurs. Pire: une blessure pouvait signifier la fin du stage si le service médical nous déclarait inaptes. Mais, cette fois, je n'avais plus le choix. J'ai montré mon infection à un infirmier qui m'a signifié : « Ça sent la fin pour toi… » Je lui ai fait comprendre qu'il n'était pas question que je quitte le stage. L'infirmier a appelé le médecin qui a confirmé le diagnostic : « Avec ce que vous avez, c'est l'opération chirurgicale et deux mois d'immobilisation en pantoufles. » Je lui ai répété que je refusais d'arrêter le stage. Le médecin a haussé les épaules puis s'est éloigné pour faire un autre soin en me laissant avec ce toboggan mental qui menait à la sortie et que je ne voulais pas prendre. Je cherchais des solutions dans mon esprit pour pouvoir continuer le stage. L'infirmier revint quelques minutes plus tard et coupa court à ma réflexion : il me remit discrètement deux flacons de désinfectant, trois paquets de compresses et deux scalpels. Il avait compris que je voulais absolument rester. Comme seule consigne, il me glissa : « Bon courage ! » Je mis le tout dans ma poche et retournai dans les rangs. Je me demandais si ce que je faisais était bien raisonnable. Lorsque l'instructeur demanda, à la cantonade : « Qui sont les blessés qui arrêtent le stage ? », je gardai le silence. Le lendemain soir, lors d'un exercice dans des fourrés à proximité du stage, je profitai que nous disposions de cinq minutes pour nous poster. Je demandai à mon binôme de surveiller si un instructeur arrivait puis je me suis isolé sous un buisson. À toute vitesse, j'ai enlevé ma chaussette et fendu mon ongle incarné de haut en bas puis l'ai découpé avec le scalpel. J'ai épongé tout le sang, versé tout le désinfectant dont je disposais et j'ai recouvert ma blessure de compresses. J'étais tellement obnubilé par l'idée de poursuivre le stage que je ne me souviens même plus de la douleur. J'ai enroulé ma blessure dans des bandages étanches. Par bonheur, je n'ai pas eu de surinfection et j'ai pu poursuivre en boitant un peu moins.

J'ai été chanceux sur ce point car nombre de mes camarades ont été bien plus handicapés à cause d'une infection parfois bénigne.

Repousser nos seuils de résistance était au cœur de notre stage. Lors de certaines topos, il nous arrivait de nous endormir en marchant. Lorsque nous arrivions à rester éveillés, nous avions des hallucinations récurrentes. Vers la fin du stage, cela ne nous surprenait même plus. Lors de la « marche de 100 », qui consistait à parcourir 100 km en 36 heures, notre paquetage était encore plus lourd que d'habitude, au point que je ne pouvais pas le soulever par la seule force de mes bras. Je devais m'asseoir au sol puis basculer en avant, mes bras en appui, pour me redresser. Sur la fin, j'étais dans un tel état d'épuisement que, lors de mes hallucinations, je voyais des instructeurs accrochés dans le feuillage des arbres, tels des lutins qui nous observaient. J'avertis mon binôme de faire attention car nous étions sous surveillance constante. Mon binôme, lui, était convaincu que les taches sur le bitume étaient des rats allongés. Il entamait des conversations avec eux en s'arrêtant au milieu de la route. Lorsque je m'apercevais qu'il était arrêté, je retournais le chercher. Il me demandait si je pensais qu'ils étaient là depuis longtemps… J'aurais sans doute éclaté de rire si je n'avais pas été aussi fatigué ! Avec tout ce que nous traversions, comment nos corps pouvaient-ils tenir le coup ? Pour conserver la tête hors de l'eau, il ne fallait pas avoir la meilleure condition physique mais rester lucide mentalement et psychologiquement. Passé un certain seuil, c'est la tête qui fait toute la différence. Au début du stage, il était impossible de prédire les candidats qui iraient jusqu'au bout et ceux qui flancheraient.

Des hommes taillés comme des armoires à glace ont jeté l'éponge dès le deuxième jour et d'autres qui ne payaient pas de mine se sont accrochés jusqu'à la fin. Un candidat d'un gabarit moyen – qui deviendra un ami – m'avait effaré en finissant deuxième à une marche de 30 km malgré deux côtes cassées. Un infirmier avait voulu l'arrêter juste avant le départ mais il avait refusé. *A contrario*, un autre à la carrure impressionnante, une montagne de muscles de 100 kg avec des mains comme des battoirs, a craqué lors d'un exercice anodin. C'était une épreuve de nuit qui consistait à plonger dans la cuve du haut d'une margelle. Nous l'avions déjà fait des dizaines de fois mais ce fut celle de trop pour lui. Lorsque l'instructeur lui a ordonné de sauter, il est resté prostré. Quand l'instructeur a répété son ordre, il a répondu : « Je ne peux pas. » Le « patron » l'a poussé dans le dos pour le faire tomber dans le cylindre, mais le colosse s'est rattrapé d'une main à la margelle. L'instructeur lui a hurlé de lâcher, mais il a tenu bon. Lorsqu'il a fini par tomber, tout le monde savait que c'était terminé pour lui. Pourquoi avait-il craqué à ce moment-là ? Comment expliquer qu'un individu qui paraissait invincible avait soudain eu peur de plonger dans l'eau ? Il avait enduré des épreuves bien plus difficiles, mais quelque chose s'était rompu dans son esprit et avait annihilé toute capacité de résistance.

Ceux qui étaient encore là dans la dernière ligne droite apparaissaient exténués, boitant à chaque pas, usés par l'effort, subissant en permanence le stress, le froid et la douleur, mais restaient néanmoins déterminés. Obtenir notre béret vert était devenu un graal pour lequel nous étions prêts à endurer le pire. Chacun d'entre nous avait en lui une source de motivation à laquelle il se raccrochait pour ne pas s'effondrer. Nous tenions pour nos femmes, nos parents, pour lire la fierté dans les yeux de nos enfants ou pour pouvoir nous regarder dans la glace. Certains avaient un père ou un grand-père qui leur avaient donné le virus de l'aventure commando, d'autres voulaient se confronter à ce qu'il y avait de plus dur pour se prouver quelque chose à eux-mêmes. Les profils étaient très variés, comme des anciens champions olympiques qui avaient connu le sommet dans une discipline et recherchaient désormais un nouveau défi. Ou encore un fils de paysan venu chercher l'aventure. Pour ma part, je savais que, le jour donné, l'alternative ne serait pas de réussir ou d'échouer, mais de survivre ou de périr. Je me persuadais que c'était la même chose lors du stage : je devais réussir pour rester en vie.

Alors que nous étions 148 candidats au début du stage, nous n'étions plus que 23 à la fin. Les instructeurs firent en sorte que les derniers jours soient aussi difficiles que les premiers. Lors d'un week-end, ils nous firent savoir que la remise des bérets aurait lieu au début de la semaine suivante et que nous pouvions dès à présent prévenir nos proches. Jusqu'à la veille de la cérémonie, rien n'était pour autant gagné et nous le savions. Nous n'étions pas à l'abri d'une blessure de dernière minute, et il était de notoriété publique que des candidats avaient été recalés le jour même de la remise des bérets. Une déception d'autant plus humiliante que certains avaient fait venir leur famille pour la circonstance. Ce n'est pas arrivé pour notre stage. Le jour J, nous sommes allés en Zodiac sur une île bretonne, où nos familles nous attendaient sur la plage. Nos « parrains », pour la plupart d'anciens commandos, nous ont ensuite remis nos bérets. Après nous avoir martyrisés durant trois mois, les instructeurs nous ont félicité d'une tape dans le dos. Après trois mois de souffrance, nous étions dans un état second, étourdis par le retour à la normalité mais aussi envahis d'une intense satisfaction d'avoir réussi quelque chose d'exceptionnel. Pour ma part, j'avais la sensation d'une forme de plénitude. J'avais atteint mon but, personne ne pouvait me l'enlever. J'avais désormais un numéro de béret, je m'inscrivais dans l'histoire des commandos marine. Le froid, la faim, la fatigue physique et mentale, la souffrance et le manque de sommeil avaient été mes compagnons de route. J'avais rencontré le pire et le plus beau de la nature humaine.

Le pire, parce que j'ai vu comment des individus laissaient s'exprimer leur bassesse face à l'adversité. Plutôt que de privilégier « l'esprit d'équipage », ils faisaient primer leur intérêt personnel au détriment de leurs camarades. Alors que la plupart d'entre nous résistaient à l'épuisement en agissant avec fraternité, quelques-uns trichaient ou tentaient d'éviter des punitions au risque de faire sanctionner le reste du groupe. Par faiblesse ou égoïsme, ils ont trahi la cohésion qui s'était forgée entre les stagiaires. Dans des circonstances aussi difficiles que celles que nous affrontions, les petites mesquineries engendraient des montagnes de ressentiment difficile à juguler.

Le meilleur, parce que j'ai vu des gars ralentir dans une course pour aider un camarade en difficulté, en risquant leur accession au stage, et donc leur béret vert. Des gars se désigner coupables pour une faute dont ils étaient innocents, sous la menace d'une punition collective. Ou encore tout un groupe endurer spontanément une punition par cohésion avec celui qui avait commis une erreur.

J'ai aussi appris le dépassement de soi. Je m'étais découvert des capacités que je ne soupçonnais pas. Je sais désormais à quel point le corps possède des ressources insoupçonnées. Même après deux nuits blanches de marche forcée, ponctuées de repas froids pris sur le pouce, il survit toujours au fond de soi une petite flamme qui peut se changer en brasier en cas de coup dur. L'alternance de privation de sommeil et d'intenses efforts, de passages dans l'eau glacée et de punitions, de blessures et de souffrances, ajoutés à une pression permanente des instructeurs, avaient développé en nous une incroyable résilience. Une anecdote que me racontera plus tard l'un de mes camarades vendéen, devenu tireur d'élite, illustrera parfaitement cette aptitude.

Au cours d'une opération de nuit en Afrique, lors d'une chute libre en parachute, il avait subi une dérive inattendue qui l'avait amené à se poser à 6 km du reste de son groupe. L'atterrissage, en pleine nuit sur une zone inconnue, s'était mal passé et il avait heurté le sol avec tout son matériel. Sonné par l'impact, il avait repris ses esprits, rajusté son casque et s'était redressé. Il était seul, personne ne répondait à ses appels radio. Il s'affaira alors à dissimuler son parachute sous des pierres et se mit en marche malgré une forte douleur à la jambe. En consultant son GPS, il retrouva la zone visée et se mit en chemin en courant pour retrouver ses camarades, avec son gilet pare-balles, son sac à dos et son lourd fusil de tireur d'élite à l'épaule. Sa seule obsession lors de sa course était de ne pas compromettre l'opération, ce qui aurait été pour lui une trahison vis-à-vis de son groupe. La mission a finalement eu lieu sans encombre, en partie grâce à la pugnacité de ce commando.

Il avait parcouru 6 km en courant sur un terrain très accidenté, sans moyens de communication, en pleine nuit, en zone hostile, avec plus de 30 kg sur le dos et une rupture des ligaments croisés du genou.

Chapitre 3
Premières missions

Le lendemain de la remise des bérets, alors que j'étais rentré chez moi pour quelques jours, je contractai une mononucléose. Privé de toute énergie, j'avais la sensation d'avoir des crampes sur l'ensemble du corps de manière permanente. Je mettais cinq minutes à me hisser hors de mon lit le matin. Je suis resté très affaibli durant six mois sans pouvoir me permettre un arrêt maladie : j'avais des stages de spécialisation à effectuer avant de rejoindre ma nouvelle unité. J'ai dû travailler sous codéine le jour et transpirer deux litres d'eau chaque nuit en attendant que cela passe. Mon corps se remettait probablement de tous les efforts que j'avais exigés de lui au cours de cette période difficile.

J'avais beau croire avoir fait mes preuves durant le stage, je ne faisais pas le fier en rejoignant mon unité. J'ai vite pris conscience qu'obtenir mon béret vert n'était pas un accomplissement en soi, le sommet que j'avais cru gravir n'était qu'une première étape. Les chefs d'équipe ne font pas de cadeau aux nouveaux venus qui n'ont pas encore démontré qu'ils méritaient leur place. À la moindre occasion, ils ordonnaient des séries de pompes et il valait mieux suivre le rythme. Ce n'était pas un bizutage : nous devions seulement prouver que nous étions capables de faire la même chose que les autres. Un de mes collègues du commando de Monfort avait une méthode bien à lui pour faire comprendre aux jeunes recrues de ne pas réitérer une erreur : il les amenait à la vieille mare de la base et leur ordonnait de s'y immerger habillés. Cette mare, froide et visqueuse, dégageait une odeur fétide mais ils n'avaient pas d'autre choix que d'y plonger. Le chef d'équipe ne faisait pas qu'assister au châtiment : il était le premier à entrer dans l'eau. Un apprentissage par l'exemple qui empêchait les novices de voir celui qui les commandait comme un simple tyran. Les commandos actuels savent qu'ils intègrent des jeunes recrues qui partiront au combat avec eux. Ils doivent en faire des guerriers, pas des soldats aigris.

Outre les exercices physiques, nous avions un immense volume d'informations à absorber pour ne pas commettre d'erreurs sur le terrain. Ce que nous apprenions n'était pas de la simple théorie, il s'agissait de techniques à mettre en pratique, sans quoi nous risquerions nos vies et celles de nos camarades : utiliser différents types d'armements, d'explosifs, de radios, de matériel d'escalade, d'effraction « douce », « froide » et « chaude »[1]. Quelques semaines avant mon arrivée dans l'unité, nous enterrions Jonathan Lefort, un second maître du commando Trépel qui avait perdu la vie lors d'une opération en Afghanistan. J'ai été marqué par cette toute première cérémonie à mon arrivée. Désormais ce n'était plus des entraînements, c'était pour de vrai.

1. Les ouvertures à faible empreinte, à coups de bélier et de pied de biche, ou encore à l'explosif.

Mon unité était rattachée à la base de Lorient. Lorsque nous n'étions pas en mission, nous passions notre temps à nous entraîner : du tir trois à cinq fois par semaine, des manœuvres en hélicoptère ou en bateau, des séances d'investigation de locaux, etc. Nous organisions des simulations d'opérations, comme des assauts sur un bâtiment, des prises d'otages, de jour comme de nuit. Nous pouvions être projetés pour une semaine sur une base à l'autre bout de la France pour des exercices de chute libre ou de tirs de mortier, par exemple. Nous suivions aussi de multiples formations : secourisme, armement, radio, menace bactériologique et chimique, assauts en milieu urbain ou désertique, depuis des véhicules, à pied, depuis les airs ou depuis la mer. Le combat au corps à corps, bien qu'étant emblématique des unités spéciales, ne faisait pas partie de nos exercices réguliers. À une époque, ce type de pratique était à la mode mais elle est depuis tombée en désuétude. Nous en conservons la philosophie surtout pour entretenir l'esprit combatif. Sur le terrain, les combats au corps à corps sont extrêmement rares, car nous évoluons avec au moins une arme principale et une arme secondaire. La probabilité de nous retrouver à affronter un ennemi à mains nues est donc très faible.

Tout ce que j'avais appris lors de mon stage commando m'était resté. Y compris des détails qui peuvent sembler insignifiants, comme le réflexe de dormir dès que l'opportunité se présente pour récupérer au maximum et être toujours prêt. Lors d'un stage parachutiste, alors que nous attendions sur le tarmac un avion en retard, tous les commandos marine se sont assis contre leur parachute et ont fermé les yeux. En nous voyant agir ainsi, l'instructeur de l'armée de terre a lancé au reste du groupe: « Voyez, messieurs, c'est à cela que l'on reconnaît les commandos marine: comme ils ne savent pas de quoi demain sera fait, ils mettent chaque instant à profit. » C'était vrai, c'est ainsi que nous avions été formatés.

Les soldats de notre génération sont appelés à intervenir très régulièrement en opération. Là où une mission d'envergure représentait alors le point d'orgue d'une carrière auparavant, désormais nous en réalisons plusieurs par déploiement, à une fréquence qui n'a cessé de s'accélérer depuis le début des années 2000. Avec l'ère du terrorisme islamiste, nous avons été envoyés dans des zones dangereuses dès notre arrivée dans les forces spéciales. La quasi-totalité des hommes de nos unités ont connu l'Afghanistan, le Moyen-Orient puis le Sahel. Notre histoire ainsi que toutes ces récentes interventions ont donné à notre armée une expertise unanimement reconnue à travers le monde.

Les commandos marine dépendent de la Marine nationale mais travaillent aussi sous les ordres du Commandement des opérations spéciales (COS). Les forces spéciales de chaque armée possèdent leur propre spécificité, héritée d'une capacité opérationnelle et d'une tradition particulière: combat en pleine jungle, désert, montagne ou rivière pour l'armée de terre, travail très pointu en opérations aéro-terrestres (comme la confection d'une piste d'atterrissage sommaire) pour l'armée de l'air et interventions en mer et sur la frange littorale pour nos unités. À l'origine, les commandos marine ont pour spécialisations de naviguer, plonger et opérer avec toutes sortes de véhicules sur et sous l'eau. Comme chacune des forces spéciales, nous assurons aussi des types d'opérations qui n'entrent pas dans notre socle historique. Le besoin est si important aujourd'hui que l'ensemble des unités sont appelées à agir hors de leur domaine originel, notamment pour les missions dans le désert ou en milieu urbain. Nous possédons un corpus commun qui nous permet de mener à bien la plupart des opérations, même si les plus pointues d'entre elles nécessitent des spécialistes. Si notre cœur de métier était à une époque récente d'œuvrer contre des actes de piraterie en mer, l'essentiel de nos opérations vise désormais des groupes terroristes en milieu désertique ou semi-désertique.

Les actions antiterroristes en France métropolitaine sont menées par le GIGN[1], lequel fait aussi partie des forces spéciales du fait qu'il dépend de la gendarmerie, et le RAID[2], qui est rattaché à la police. Il nous arrive de travailler conjointement sur certaines opérations ou lors de formations. Toutes les actions contre des groupes terroristes à l'étranger sont en revanche confiées aux unités des opérations spéciales. C'est un général du COS qui décide lorsque nous devons intervenir, en accord avec les plus hauts sommets de l'État. Le pouvoir politique a un devoir d'arbitrage : il ne décide pas du déroulement d'une mission, ou du choix de l'unité qui interviendra, mais doit trancher entre deux options qui lui auront été présentées. Nos unités réalisent entre 50 et 100 interventions par an. Toutes les missions sont différentes : une opération de maintien de la paix en Côte d'Ivoire n'a rien en commun avec une mission de renseignement en profondeur

1. Groupe d'intervention de la gendarmerie nationale.

2. Recherche, Assistance, Intervention, Dissuasion – l'unité d'élite de la police nationale.

en Afghanistan ou la capture d'un chef djihadiste au Moyen-Orient. Les unités sont le plus souvent envoyées à l'étranger pour un «mandat», une période de trois à six mois dans un pays où elle multipliera les opérations durant ce laps de temps. Il s'agit le plus souvent d'une zone opérationnelle ou d'un pays en guerre. Des lois protègent nos identités. Pendant notre temps de service, nos noms et nos visages sont protégés. Nous ne vivons pas dans une bulle pour autant : la plupart d'entre nous sont sur Instagram ou Facebook, mais nous évoluons de manière discrète par mesure de précaution.

Trois mois après avoir achevé ma formation initiale et avoir été affecté au commando Trépel, j'ai été envoyé à l'étranger pour plusieurs mandats dans le cadre d'opérations de maintien de la paix, où je découvrirai les alertes contre la piraterie et les escortes d'agents de la DGSE. Quelque temps plus tard, j'ai effectué le «cours officier» et un nouveau stage commando pour devenir chef de groupe. J'ai ensuite rejoint le commando Jaubert, emportant dans mes bagages mon expérience d'opérateur.

Dans les forces spéciales, chaque militaire bénéficie d'un important degré d'autonomie lié à un sens des responsabilités élevées. Les hommes de mon groupe possédaient tous au moins une spécialisation, mais la plupart en avaient plusieurs. Le but de cette polyvalence était de pouvoir remplacer dans leurs tâches les collègues qui viendraient à ne plus être opérationnels en mission. Un groupe d'une dizaine d'hommes pouvait ainsi cumuler le savoir-faire d'un groupe deux ou trois fois plus volumineux. Je me plongeais dans l'apprentissage des spécialités de mes hommes avec beaucoup d'attention. Je me formais en interne de façon officieuse sur toutes les pratiques afin de pouvoir comprendre le mieux possible l'ensemble des données d'une opération. Pour nous maintenir à niveau, nous entretenions nos domaines de compétences par des exercices réguliers. Nous effectuions aussi des exercices «CT» (contre-terroristes) de manière très technique – une activité que j'appréciais beaucoup.

À l'instar de ce que j'avais connu dans mon ancienne unité, un nouveau venu dans mon groupe devait faire ses preuves. Il devait travailler davantage que les autres pour se mettre à niveau, passer du temps à apprendre jusque tard le soir, se montrer autonome tout en se mettant au service du groupe. C'était une façon de penser indispensable pour le travail en opération. Les autres membres du groupe se faisaient très vite une idée de ce que valait un nouveau venu en observant son aisance au combat, sa capacité à agir sur l'eau ou à s'orienter sur le terrain. À force de passer presque 24 heures sur 24 ensemble, dissimuler ses faiblesses devient très difficile. Lorsque l'on sent qu'un commando ne sera pas au niveau, il peut être orienté vers des missions de basse intensité ou réorienté ailleurs. Ce n'est pas un échec pour autant: certains militaires écartés des opérations spéciales se sont, par la suite, épanouis dans d'autres domaines plus techniques.

L'entente au sein d'une équipe est primordiale. Avec l'expérience, j'ai appris qu'il vaut mieux privilégier le lien personnel à la maîtrise technique. S'entendre avec quelqu'un prévaut sur le reste car une personne peut toujours progresser dans un domaine de compétence, tandis qu'il y a peu de chances qu'elle change de personnalité.

C'est une règle que j'avais découverte au cours de mon commandement et qui s'est toujours vérifiée par la suite. J'ai vécu cette expérience avec un opérateur radio du groupe, un jeune originaire de Martinique que je trouvais sympathique et drôle, mais un peu désordonné et brouillon. Après une franche remontrance sur le montage radio qu'il avait fait dans un véhicule avant un exercice, je lui ai montré ce que j'attendais de lui. Ensuite, il a progressivement fait preuve d'un grand sérieux dans son travail et a beaucoup évolué, en plus d'être irréprochable sur le plan humain. Nous sommes partis au feu ensemble et je savais que je pouvais m'appuyer sur lui les yeux fermés.

Lorsque l'un de mes hommes quittait le groupe, tous les autres le ressentaient comme une petite déchirure. Nous organisions un pot d'adieu, comme dans n'importe quelle entreprise, mais nous ne nous laissions guère aller à de grandes effusions. Les hommes de la Marine ont une pudeur très marquée. Nous ne sommes pas démonstratifs et nul ne confie ce qu'il ressent à celui qui s'en va.

Chapitre 4
Comme un mauvais rêve

Les missions que j'ai vécues en tant que chef de groupe étaient souvent des confrontations directes. Il s'agit d'opérations complexes avec, pour certaines, des phases de renseignement qui précédaient l'action de plusieurs semaines, voire de plusieurs mois. La première intervention mémorable qui nous a été confiée arriva un an et demi après que j'eus pris la tête de mon groupe. Notre objectif était de capturer un homme dans une ville africaine. Pour un commando tel que le nôtre, une action urbaine est ce qu'il y a de plus difficile à gérer. L'ennemi est sur son terrain et connaît la moindre planque, le moindre angle de tir. Il joue à domicile.

Même avec la meilleure anticipation possible, nous ne découvrions certains aspects qu'au dernier moment. Mais nous y étions préparés, car, comme le dit un adage militaire vieux comme le monde : « La première victime du champ de bataille, c'est le plan de bataille. » Pour cette opération, nous ne disposions pas d'appui aérien, seulement de la surveillance d'un drone, caché dans l'obscurité du ciel nocturne. Les hélicos se trouvaient à dix minutes de la zone ciblée, prêts à intervenir. Si notre présence était découverte, l'adversaire pouvait improviser une riposte. Et dix minutes, en pareilles circonstances, cela pouvait être très long.

Je me souviens du moindre détail comme si c'était hier.

La nuit est bien noire, à notre goût. Notre convoi, composé d'une demi-douzaine de véhicules banalisés, roule sur une piste de poussière ocre. Elle rougit au passage des feux de nos voitures. Les insectes virevoltent de manière désordonnée à l'approche des phares, comme des petites étincelles dans la nuit. Il fait frais dans l'air immobile, l'humidité étouffante de la journée est retombée. Le ciel sans nuages dévoile une voûte céleste d'un bleu profond que je ne reverrai nulle part ailleurs. La colonne de véhicules avance doucement en file indienne, cahotant à rythme régulier. La voiture dans laquelle je me trouve est un 4×4 blindé et climatisé. À l'étroit avec mes équipements, je dois m'affaisser dans mon siège sous peine de toucher le plafond avec les jumelles qui surplombent mon casque. J'ai mon fusil posé sur les genoux, prêt à l'emploi, une cartouche en chambre et la sûreté enclenchée. Un HK 416 à canon court, surmonté d'un réducteur de son. Sentir mon arme, lourde et métallique, a un effet rassurant. J'en connais tous les réglages et la position du moindre de ses équipements : lasers, lampes et interrupteurs. Je l'ai vérifié deux fois avant de partir, comme chacun de mes chargeurs. Mon arme représente non seulement un élément fondamental de la dissuasion au combat, mais elle est aussi mon sauf-conduit en cas de problème, mon ultime recours. Ma ceinture est équipée d'une arme de poing, un Glock 17, et de trois chargeurs pour 9 mm. Je porte un gilet pare-balles, composé de deux plaques de Kevlar, auquel sont accrochées deux radios, l'une pour communiquer avec les hélicos et mes chefs, l'autre pour assurer la liaison avec les gars du groupe. Le gilet me colle au torse et me scie les épaules. Trois autres chargeurs sont logés dans des étuis à l'avant de mon pare-balles, un sur mon arme et un dans le sac, en cas de nécessité absolue. La petite musette dans mon dos contient quelques explosifs, une couverture de survie, deux barres de céréales, deux litres d'eau et des piles supplémentaires pour mes radios. J'ai également rangé un téléphone satellite avec deux batteries, dans l'éventualité où mon groupe se retrouverait séparé du reste du dispositif. Pour me signaler aux hélicoptères depuis le sol en cas de pépin, j'ai soigneusement roulé un pavillon français de grande taille sur le côté de ma musette. Ainsi, les pilotes ne pourraient pas manquer le symbole tricolore depuis les airs. Au dos de ma ceinture, j'ai aussi une trousse de secours, qui contient une solution liquide que nous avons appris à perfuser en cas d'hémorragie, un peu de morphine et des pansements. Un petit couteau est fixé sur le côté, toujours très utile, surtout lorsqu'un saucisson sec pointe le bout de son nez à l'heure de l'apéritif. Je porte un pantalon de combat ergonomique, muni de plusieurs poches dans lesquelles je range des menottes souples en fibres tressées (très pratiques car peu encombrantes), des gants en nitrile pour les fouilles, un bonnet et une lampe de poche. Pour le haut, je me contente d'un tee-shirt en coton couleur sable, dont je retrousse les manches pour goûter à la fraîcheur du soir. J'ai découpé le bout du pouce et de l'index de mes gants de combat pour conserver les sensations du toucher lors des fouilles ou pour faciliter la recherche d'objets dans l'obscurité. Généralement, je ne porte pas mon casque dans le véhicule, d'autant que celui-ci est blindé. Cette fois, pourtant, je l'ai mis car la route est étroite et nous ne tarderons pas à rouler sans feux : j'aurai donc besoin des jumelles de vision nocturnes (JVN) qui y sont fixées pour voir ce qui se passe.

Nous ne disposons que de peu d'éléments d'informations sur l'homme que nous devons capturer. C'est un boulanger local soupçonné d'aider des djihadistes à préparer l'enlèvement d'un couple d'Occidentaux. L'information était parvenue dans l'après-midi au centre opérationnel (CO) du camp de base, et une fenêtre s'était présentée pour le déclenchement de la mission. Durant tout l'après-midi, j'avais glané les quelques précisions qui nous parvenaient au fil de l'eau : les caractéristiques de son habitat, son métier ainsi qu'une poignée d'éléments susceptibles de nous aider à l'identifier. Avec le reste de mon groupe, composé d'une dizaine d'hommes, nous avons passé plusieurs heures à déterminer le meilleur mode d'action. Au regard des informations en notre possession, nous avons opté pour celui qui nous garantissait le plus fort taux de réussite. Nous devons emprunter simultanément les entrées principales des deux bâtiments qui composent l'habitation, après nous être assurés que nos tireurs sont postés en couverture sur toutes les autres sorties possibles. Les plans les plus simples sont souvent les meilleurs…

Nous savons que les terroristes posent des mines aux abords des maisons. La phase d'observation de l'habitation permet donc de déterminer les habitudes des habitants, en détectant, par exemple, si une porte n'est jamais empruntée. Celle-ci devient alors suspecte car il est probable qu'elle soit piégée. Par précaution, nous veillerons à prendre le temps de l'analyser avant de la franchir. Je garde en mémoire une anecdote que m'avait racontée un chef de groupe du COS : avant un assaut, lui et son groupe de commandos avaient repéré que les habitants d'une petite maison y pénétraient toujours par la fenêtre. Soupçonnant que la porte soit piégée, ils étaient eux aussi entrés par la fenêtre, pour découvrir qu'il ne s'agissait en réalité pas d'une habitation mais d'une épicerie et que les « habitants » qui passaient par la fenêtre n'étaient que des enfants qui s'y introduisaient discrètement pour voler des bonbons.

En arrivant à proximité de la ville, après avoir franchi le dernier poste de garde des militaires locaux, nous coupons les feux des véhicules et activons nos lunettes de vision nocturne. Les étoiles prennent aussitôt un éclat vert brillant. À présent, je vois dans la nuit. Le puissant moteur 8 cylindres du tout-terrain ronronne doucement malgré les 4,8 tonnes d'acier et de blindage qu'il doit déplacer. La radio est silencieuse, les échanges y sont réduits au minimum. Ma politique est de ne communiquer qu'en cas de problème : pas de nouvelles, bonne nouvelle. De toute façon, nous avons pour coutume de dire que la radio fonctionne seulement lorsque nous n'en n'avons pas besoin… « Heureusement qu'il y a la clim, dis-je en souriant. Avec les vitres pare-balles que l'on ne peut pas ouvrir, j'ai l'impression d'être dans un aquarium.

— C'est dommage, je n'ai pas pris mon maillot de bain », réplique Charles.

Malgré la légèreté de nos échanges, l'ambiance est propice à la concentration. Nous suivons doucement le véhicule qui mène le convoi, tout en gardant un œil sur le GPS pour confirmer l'orientation prise par le navigateur de tête. Si cette route était très fréquentée en journée, il n'y a pas âme qui vive à la nuit tombée. Le risque de tomber sur des mines semble très faible pour notre trajet, mais par réflexe nos yeux examinent sans cesse les abords à l'affût d'une trace douteuse ou d'une ombre suspecte.

Un ami, qui était en opération au Moyen-Orient peu de temps auparavant, m'avait raconté que, lors d'un déplacement en voiture, il avait esquivé d'un brusque coup de volant une bouteille en plastique à moitié enterrée. Sa roue avait évité l'objet de quelques centimètres seulement. En une fraction de seconde, son instinct avait déclenché ce geste salvateur. Après avoir alerté les autres véhicules du convoi, il s'était arrêté quelques centaines de mètres plus loin. Le véhicule de déminage lui donna finalement raison : une détonation claqua sous le blindé à l'endroit où se trouvait la bouteille. C'était une mine artisanale posée pour faire sauter le véhicule qui roulerait dessus.

Nous avons pris la décision de nous passer de soutien aérien car la présence d'hélicoptères ou d'avions aurait pu révéler nos intentions à l'ennemi. Les appareils restent à bonne distance pour n'être ni vus ni entendus, mais ils demeurent prêts à intervenir s'il fallait nous porter secours. Seul le drone, invisible dans le ciel noir, suit nos mouvements à très haute altitude. Une grande zone dégagée au milieu d'un quartier d'habitations signe la fin de notre parcours nocturne. Chaque voiture se gare, coupe son moteur, puis les portières s'ouvrent et se referment sans un bruit. Une fois que tout le monde est en place, le signal est donné. Les premiers hommes s'avancent à pas de loup dans les ruelles sales et poussiéreuses. Nous avançons à une cadence normale. Pas question de courir ni de faire du bruit. Notre avancée doit être la plus silencieuse possible. Toujours à l'affût, nous observons le moindre détail sur notre passage pour nous imprégner de l'environnement. Autour de nous les bâtiments sont en parpaings ou en terre battue. Tout est immobile, pas un souffle de vent. Seul le bruit des grillons berce la nuit. À travers mes lunettes nocturnes, je ne distingue pas âme qui vive. Tout à coup, un enfant passe à vélo, dans un bruit léger de ferraille, sans nous accorder un regard, puis s'éloigne. Jusque-là, tout se déroule comme prévu.

Nous avons décidé de nous diviser en deux. Mon groupe a pour objectif le bâtiment A, tandis que l'autre s'avance vers le bâtiment B. Nous voulons les aborder de manière coordonnée pour éviter toute fuite de l'ennemi de l'un vers l'autre. Nous marchons encore quelques minutes avant d'arriver au pied de l'habitation. Je recule pour observer la façade avec mes lunettes nocturnes. Je prends le temps de vérifier que nos tireurs sont bien à leur poste pour assurer notre couverture. Guillaume, mon supérieur, et Fanch, son adjoint, se trouvent à quelques pas derrière nous. En position silencieuse devant la porte, j'observe tous les détails de la façade tandis que nous attendons que l'autre groupe parvienne devant la maison B. À partir de cet instant, je chuchote mes ordres à l'épaule de mes hommes en cas de besoin. Pour le reste, nous ne communiquons plus que par une série de gestes convenus. Après quelques instants, Fanch nous donne le « vert action », transmis par Guillaume, c'est-à-dire l'autorisation d'agir du CO. Et la magie opère… Celui de mes hommes qui se tient devant la porte est un véritable guerrier : un tireur d'élite de 90 kg au corps d'athlète qui se transforme au besoin en artisan d'une finesse extrême. Couvert par un autre opérateur, il range son arme et déplace la grande plaque de tôle qui sert de porte, avec une dextérité digne d'un orfèvre. Sans un bruit, sans même un souffle. À pas furtifs, nous nous faufilons ensuite à l'intérieur de la maison plongée dans l'obscurité. Je sais qu'au même moment deux tireurs d'élite montent sur les toits pour neutraliser toute menace qui pourrait approcher du site. William est resté en dehors de la maison, face à l'artère principale, pour couvrir nos arrières. Un peu plus tard, il interdira le passage à deux hommes qui venaient vers lui, en leur ordonnant par gestes de se coucher au sol, sous la menace efficace du laser rouge de son arme braqué sur leur torse. Il les gardera en respect tout le temps de l'opération. Dans la maison, plusieurs d'entre nous pénètrent dans la cour intérieure et se dirigent vers une chambre. En arrivant à mon tour dans la cour, je distingue au sol des formes qui ressemblent à des tas de vêtements. Alors que nous les enjambons pour pénétrer à l'intérieur, une observation plus attentive à travers mes lunettes me fait réaliser qu'il ne s'agit pas de vêtements mais d'une famille endormie ! J'examine les formes de nos dormeurs : j'identifie seulement des femmes et des enfants. Notre homme ne fait pas partie du lot… La cour intérieure est en terre battue, quelques bidons vides et des cartons y sont entreposés. Autour de nous, plusieurs bâtiments la surplombent. Toutes les lumières sont éteintes mais je sais que n'importe qui pourrait nous observer dans la pénombre depuis l'une des fenêtres. Je ne suis pas à l'aise à l'idée de rester trop longtemps dans cette cour. Soudain, l'un des enfants se réveille et se redresse. Charles se tient debout face à lui. Ils se fixent. Charles a l'intelligence de ne rien tenter : il ne le menace pas, ne le frappe pas, ne le bâillonne pas. Il reste simplement face à lui, telle une masse noire dans la nuit. Par sa simple présence, le long fusil d'assaut surmonté d'un silencieux fait comprendre à l'enfant qu'il ne risque rien à condition qu'il ne tente rien. Après avoir eu le bon réflexe de réduire au minimum l'emploi de la force pour ne pas attirer l'attention, Charles se dévouera en restant auprès de l'enfant jusqu'à l'exfiltration du groupe. Pour ma part, je poursuis du regard l'examen de la cour, puis je me dirige à mon tour vers la chambre. À côté de moi, Sylvain, Tangui et Barnabé s'affairent dans une cahute. Je suis capable d'identifier chacun de mes hommes malgré l'obscurité. Je passais davantage de temps avec eux qu'avec ma femme et mes enfants, ils étaient ma deuxième famille. Je connaissais par cœur leur posture, leur gabarit et leur démarche, je savais les reconnaître sans voir leur visage. William sautillait légèrement quand il marchait. Nicolas se déplaçait toujours lentement, avec cette fausse nonchalance propre aux gens du Sud de la France. Luc, qui est de haute taille, portait son armement très bas, le canon de son fusil touchant presque le sol. Marc possédait des cuisses puissantes qui lui donnaient un fessier quelque peu proéminent, que nous n'hésitions pas à gentiment railler. Soudain, mes trois camarades se saisissent d'un homme adulte endormi sur sa paillasse. Sentant la main d'un militaire sur son bras, celui-ci se réveille en sursaut. Ses yeux s'écarquillent, il semble sidéré en découvrant notre présence. Je m'imagine à sa place : être réveillé par trois masses noires équipées de JVN diffusant un halo vert sur leurs mâchoires barbues… Sans lui laisser le temps de réagir, Sylvain et Tangui l'immobilisent et le ligotent en quelques gestes. Pas un son n'a été émis durant toute la manœuvre. Notre homme ne se débat pas, tout mouvement de sa part est tout de suite réprimé. En l'absence de papiers d'identité, je me rapproche de son visage à la recherche de signes distinctifs. Je dois être certain d'avoir capturé la bonne personne. Soudain, un souvenir émerge dans mon esprit. Je relis sa fiche biométrique à la recherche d'un détail qui me revient progressivement en mémoire : notre homme boite. Je le relève et le fait avancer innocemment, comme si nous partions. Bingo. Je le rassois et fais passer au chef le message que nous avons un « jackpot ». Une fois la cible capturée, je n'ai plus qu'une idée en tête : sortir tout le monde vivant de cet endroit.

Conscients de la précarité de la situation, deux autres opérateurs s'engouffrent dans la chambre. À la lueur des petites lumières rouges de leurs casques, ils fouillent le mobilier à la recherche d'indices pouvant nous aider à préciser les projets de notre homme. Les tiroirs, les dessus de lits, les tas de vêtements empilés sont grossièrement inspectés. Mes hommes enfournent quelques documents en vrac dans un sac puis reviennent vers la cour où les autres opérateurs sont rassemblés. Ces initiatives « sans ordre », telles que la reconnaissance rapide de la maison que viennent d'effectuer ces deux opérateurs, sont l'apanage des forces spéciales. Lors de la préparation d'une mission, tous les commandos prennent la mesure de notre objectif, grâce à des répétitions sur des maquettes ou des plans, parfois à taille humaine. Ils ne sont donc pas de simples « exécutants » mais des acteurs à part entière qui ont une parfaite compréhension de la situation dans son ensemble. Leur jugement, forgé par des milliers d'heures d'entraînement et d'opérations, leur autorise une grande liberté d'action. Seuls les cas complexes exigent mon arbitrage, comme lors de la découverte de matériels sensibles pendant une fouille. En cas d'urgence, d'échanges de tirs ou de menace imminente, je redeviens très directif et distribue des ordres qui doivent être appliqués sans tergiverser. Mon rôle n'est pas de vérifier les faits et gestes de chacun, mais de contrôler l'ensemble de la manœuvre. Laisser la plus grande souplesse à mes hommes dans la réalisation de la mission me permet de rester focalisé sur l'objectif et de ne pas me perdre dans des détails. *A contrario*, la conduite trop rigide du groupe représenterait un piège pour le chef. Il pourrait certes contrôler chaque individu jusque dans ses initiatives les plus élémentaires et garder le contrôle sur l'ensemble de l'équipe, mais une telle attitude aurait deux conséquences néfastes : elle inhiberait les opérateurs et les rendrait moins autonomes. Leur façon de penser serait alors : « Puisque le chef me dit quoi faire à chaque instant, je vais me contenter d'attendre ses ordres. » Pire : lorsque la situation dégénérerait, l'organisation imploserait, les informations devenant trop nombreuses pour que le chef gère tous les individus à la fois.

Après la confirmation que l'homme capturé était bien notre « jackpot », Fanch commence son compte rendu à la radio, restant maladroitement au milieu de la cour en parlant à voix haute. La radio passe mal, il se retrouve contraint d'élever le ton et d'articuler plus fort sans s'inquiéter de la portée de sa voix. Mon sang ne fait qu'un tour. Je bondis pour l'interrompre en le saisissant fermement par son gilet. En chuchotant, je lui rappelle que nous sommes dans le quartier musulman et qu'il ne serait guère opportun de devenir le centre d'intérêt du voisinage. J'ai en tête les images du film *Black Hawk Down*[1], dans lequel une émeute dans un quartier de Mogadiscio transformera une opération spéciale des rangers américains en un sauve-qui-peut généralisé. Je

1. *La Chute du faucon noir* de Ridley Scott, 2001.

ne veux surtout pas que nous en arrivions là. Il faut agir vite et bien. Mon chef, Guillaume, resté dans l'obscurité de l'entrée, a l'air satisfait lorsque je le rejoins. Comme à son habitude, il est d'un calme olympien. Originaire d'une petite île bretonne, Guillaume est un brun aux yeux clairs, au physique sec, qui fume toujours beaucoup. Depuis le début de la mission, sa consommation de tabac avait encore augmenté. Malgré ce signe de nervosité intérieure, son impavidité demeurait imperturbable. Lors d'un violent accrochage avec l'ennemi que nous avions vécu ensemble, le flegme avec lequel il avait communiqué avec le CO avait obligé ce dernier à se faire confirmer par trois fois qu'un accrochage était bien en cours… Dans l'entrée de la maison, nous échangeons quelques mots à voix basse avant de transmettre par radio le signal du départ à toute la troupe. Je désigne ensuite la garde rapprochée du prisonnier : trois opérateurs sont chargés de le garder en toutes circonstances et de le maintenir en vie. Je reviens dans la cour pour veiller au bon déroulement de l'exfiltration et guider les derniers hommes. Je tends l'oreille pour écouter la rumeur du quartier : aucun bruit, le voisinage semble encore endormi. J'observe la descente des tireurs d'élite du toit de la maison. Ils ne sont que deux ombres noires aux yeux illuminés par la lueur verte de leur vision nocturne. Ils se déplacent lentement, préservant leur équilibre malgré l'encombrement de leurs fusils à canon long. Je repars en enjambant de nouveau les femmes et les enfants toujours endormis. Je franchis l'obstacle avec une démarche de spationaute, mon arme serrée contre moi et le souffle court. L'enfant éveillé, lui, restera immobile jusqu'à notre départ. Je réprime un sourire en sortant. J'imagine le réveil à venir de la famille, qui n'aura rien vu ni entendu de notre passage. Je ferme la marche avec les tireurs d'élite. Une fois l'ensemble des hommes embarqués dans les véhicules, je transmets le message à Guillaume. Le convoi se met discrètement en route, véhicule après véhicule, tous feux éteints. Montre en main, nous n'avons passé que vingt minutes sur place.

Le retour doit être une formalité. Notre homme est capturé, nous n'avons croisé presque personne à l'aller, tout semble encore se dérouler sans encombre. Mais tout combattant qui se respecte sait qu'une mission n'est terminée qu'une fois rentré au bercail. Tandis que nous faisons route vers notre base à bonne allure, un événement inattendu survient. Soudain, nous apercevons à l'horizon un, puis deux, puis toute une cohorte de pick-up équipés de mitrailleuses lourdes. Typiquement le genre de véhicule qu'affectionne l'ennemi… Ce convoi roule en file indienne, formant une colonne de lumière avec les phares. Il ne présente pas de signes d'hostilité mais rien ne laisse supposer non plus qu'il rentre d'un atelier de poterie… Nous arrêtons notre procession sur le bord de route. Tout le monde bondit hors des véhicules et se dirige vers le bas-côté pour se préparer à une riposte. Les questions fusent dans ma tête : « Pourquoi le drone n'a-t-il rien annoncé ? Comment autant de véhicules armés peuvent-ils se retrouver si proches de notre base sans que personne n'ait donné l'alerte ? Qui sont ces hommes ? » Je rejoins Guillaume, qui n'a aucune réponse à me fournir. Agenouillés dans la pénombre, nous observons la menace à la recherche d'indices. La colonne de véhicules s'arrête à une centaine de mètres de nous, sans montrer le moindre signe d'animosité. Avec leurs phares qui nous braquent, il nous est difficile de distinguer quoi que ce soit. Je tente de m'avancer au plus près, tout en demeurant dans l'ombre sur le bord de la route. Des individus sortent des véhicules et s'avancent dans notre direction. Mon adjoint, Luc, et moi décidons d'aller au contact. Avant de m'engager sur le chemin éclairé par les feux des véhicules où je deviendrais une cible facile, je croise le regard de Tangui, agenouillé derrière un muret. Je le vois mettre en joue les hommes d'en face. « Si ça bouge, tu sais quoi faire, lui dis-je.

— Pas de souci », me répond-il sans les quitter du regard.

Avec mon groupe, nous avons passé des centaines d'heures sur les champs de tir et nous avons tiré des dizaines de milliers de cartouches. J'ai toute confiance en leur précision. En m'avançant dans la lumière, je me sens comme protégé par plusieurs fusils au-dessus de mes épaules. Malgré le risque, je me sais entre de bonnes mains : celles de mes hommes. Luc et moi continuons d'avancer les armes basses pour montrer que nous n'avons pas d'intentions hostiles. Au fur et à mesure, nous distinguons avec soulagement les uniformes de l'armée locale, nos alliés… Nous échangeons quelques mots avec celui qui semble être le chef du détachement. Ces militaires en manœuvre rentraient à leur camp et étaient tout aussi surpris de nous croiser en cette heure tardive. Après des poignées de main et des sourires, nous nous quittons en nous souhaitant mutuellement « Bon courage ».

Arrivés à la base, nous nous libérerons de notre vingtaine de kilos d'équipements. Avec le relâchement mental, la fatigue physique et la déshydratation s'imposent à nous. Notre mission n'est pourtant pas encore tout à fait terminée : il nous faut toujours garder le prisonnier, participer aux interrogatoires immédiats, trier et organiser le matériel saisi, analyser et transmettre les éléments du déroulé de la mission. Tout le monde est encore sur le pont. Les chefs, au CO, pouvaient attendre toute la nuit pour obtenir les précieux comptes rendus des interrogatoires et des matériels saisis. Après avoir participé à l'élaboration des retours d'expérience avec Guillaume, je m'en vais participer aux premiers interrogatoires de notre prisonnier. Ceux-ci sont essentiels : ils permettent d'exploiter l'état de sidération qu'il éprouve à ce moment-là. Avec la perte de repères des premiers instants de captivité, les langues se délient plus facilement. Il faut imaginer le chamboulement mental de notre captif : il dormait profondément dans son lit et se retrouve bâillonné, menotté et interrogé à la lueur d'une lampe électrique par un individu cagoulé. Lors des interrogatoires, je suis toujours fasciné par les mécanismes humains qui nous sont donnés à observer. Il m'arrivait de ressentir de la compassion pour des prisonniers que nous avions pris les armes à la main. J'avais une forme de respect pour ces combattants. Ils luttaient pour un idéal auquel ils croyaient, aussi abject et insensé soit-il. Ils avaient au moins le courage de se battre, contrairement aux lâches qui posaient des mines et se dissimulaient derrière des populations civiles. Je n'étais pas pour autant naïf ; je savais que ceux qui nous tiraient dessus et ceux qui posaient des explosifs pour estropier les soldats étaient souvent les mêmes. Une fois mon tour de garde passé et les comptes rendus effectués, je me suis effondré sur mon lit pour m'endormir instantanément. Le lendemain sera consacré aux retours d'expérience, à l'entretien de notre matériel, puis à une longue sieste bien méritée.

Chapitre 5
Disparus dans la nuit

Lors de nos opérations, la menace demeure omniprésente. Même avec la meilleure préparation du monde, aucun d'entre nous n'est à l'abri d'une mauvaise surprise. Un individu peut surgir d'un souterrain non répertorié et nous prendre à revers, un bâtiment dans lequel nous ne pensions trouver que deux hommes peut en abriter six, un combattant muni d'une ceinture d'explosifs peut se faire sauter au moment de sa capture… Dans une ville, une émeute improvisée peut aussi éclater en quelques secondes. Un vieux sous-officier m'a raconté qu'il avait connu pareille mésaventure en Somalie. En circulant à bord d'un convoi de blindés avec des légionnaires, un des véhicules avait embouti la voiture d'un habitant sur un rond-point. Le conducteur était indemne, mais il était très remonté. En un instant, avant de pouvoir sortir de leur habitacle, les militaires ont été encerclés par une marée humaine armée de barres de fer et de bâtons. Montés sur le toit de leur véhicule pour tenir les gens en respect, les deux collègues ont cru qu'ils allaient se faire lyncher. Ils avaient beau être armés, ils savaient que, s'ils tiraient une seule balle, la foule immense les aurait submergés et les auraient massacrés en un clin d'œil. De toute façon, ils n'avaient pas suffisamment de munitions pour tenir assez longtemps. Des renforts sont heureusement arrivés à temps et la situation s'est dégonflée. L'espace d'un instant, il avait cru y rester. En racontant cette histoire, il était encore habité par la tension qu'il avait vécue.

Cette question de s'adapter face aux imprévus s'était particulièrement posée au cours de l'une de nos missions. Une nouvelle opération avait été prévue par nos chefs et Guillaume nous avait rassemblés pour en faire la présentation. Notre objectif était de capturer le chef d'un groupe ennemi qui coordonnait les actions des terroristes. Comme à l'accoutumée, les hélicos avaient été sollicités pour assurer notre transport. Seul problème : le drone avait détecté de fortes inondations pendant la journée et les pilotes s'inquiétaient de savoir si nous pourrions débarquer sur les zones prévues. Il est vrai qu'une averse avait déchargé des grêlons gros comme des pistaches au milieu de torrents de pluie. Les sols étaient accidentés, ce qui rendait leur manœuvre délicate. Si un hélicoptère devait se retrouver coincé à terre, la mission pourrait être compromise, de même que la vie de l'équipage. Il restait l'option de nous déposer en corde lisse. Cette manœuvre consiste à descendre une grosse corde de l'hélicoptère pendant que celui-ci reste stationnaire à quelques mètres au-dessus du sol et de nous faire glisser le long de la corde avec des gants antibrûlures. Je n'y étais pas favorable car cette procédure de « mise à terre » provoquait parfois des incidents avec de lourdes répercussions. J'avais déjà vu des chevilles brisées à l'atterrissage, des armes qui s'endommageaient en tombant sur le sol ou un opérateur qui était resté accroché en haut de la corde. Je ne voulais pas être confronté à pareil cas de figure. Après de longs échanges avec le commandant de bord de l'hélicoptère, nous sommes convenus que le mieux serait de nous déposer à proximité de l'objectif, malgré le risque encouru.

Quelques heures plus tard, alors que le jour décline, nous sommes tous sur le tarmac de l'héliport, équipés et prêts à partir. Le groupe du CPA 10 (Commandos parachutistes de l'air), eux aussi membres des forces spéciales, est affecté avec nous sur cette mission dans un second hélico. Guillaume, Fanch, leur opérateur radio, l'infirmier et le médecin forment, quant à eux, la « cellule commandement » des deux groupes. Une fois le moteur en route, le pilote nous fait un signal à travers le hublot, et toute notre équipe se hisse dans la soute arrière du Caracal, l'hélico de transport de l'armée de l'air. Les opérateurs s'installent au sol, s'attachent puis me font signe pour que j'annonce au chef de bord que nous sommes parés au décollage. Les deux appareils s'élèvent lentement, en chassant la poussière, pour rejoindre les hélicoptères d'attaque (le Tigre) et de reconnaissance (la Gazelle) qui ont décollé quelques instants plus tôt.

La nuit finit par tomber. Assis à la portière de l'appareil, les jambes calées sur les patins de l'hélico, je vois le sol défiler sous mes pieds. La savane verdoyante se recouvre de bleu. Des points lumineux attirent mon attention au moment où nous survolons des huttes éparses. Une faible clarté me permet encore de distinguer des formes sans avoir besoin de mes lunettes de vision nocturne. Après plusieurs heures de vol, l'objectif se profile à l'horizon. Le pilote prend alors une trajectoire directe en basse altitude en se rapprochant de l'endroit convenu. Le chef djihadiste vit dans une maison isolée, mais à quelques centaines de mètres d'un gros village. Avant de bondir hors de l'appareil, j'ai toujours besoin de quelques instants pour observer le sol et ajuster mes JVN. Après avoir vérifié que tout le groupe est rassemblé, je lance la progression vers la cible. L'atterrissage m'a semblé si parfait que je ne me suis pas rendu compte qu'un objet au sol, probablement un rocher, a transpercé un bout de carlingue et brisé un phare d'atterrissage. Les membres de l'équipage, eux, en font aussitôt le constat mais considèrent que l'accrochage sera sans incidence pour notre vol retour.

En toute discrétion, nous approchons de l'objectif. Après une courte phase d'observation, l'équipe déposée par l'autre hélico monte à l'assaut pendant que nous couvrons sa progression. Les commandos de l'air s'approchent furtivement du bâtiment, une maison à moitié éventrée, et en prennent le contrôle en quelques instants. Mon groupe rallie alors l'objectif à son tour en se faufilant au milieu du sol rocailleux et des arbustes bas. Une famille de bergers vit dans la maison : le père, la mère, le fils aîné âgé de dix-sept ans environ et cinq autres enfants en bas âge. Tous sont, bien sûr, surpris de notre intrusion mais coopèrent sans protester. Nous vérifions les papiers d'identité du père, afin de nous assurer qu'il s'agit bien de l'individu que nous recherchons. C'est bien lui. En quelques secondes, nous cochons alors mentalement la case « objectif atteint ». Reste maintenant à rassembler les éléments à charge et à rejoindre les hélicos avant d'attirer l'attention d'éventuels djihadistes. Tandis que les hommes du CPA 10 commencent la fouille de l'habitation, mon groupe forme un cordon de protection autour de la zone. Nous sommes aux aguets. Le village n'est pas loin, et nos mouvements en hélico pourraient avoir attiré l'attention de sympathisants djihadistes. Guillaume, qui se trouve auprès du chef de groupe du CPA 10, me dit par radio d'aller vérifier une autre maison, située plus au sud, dans laquelle de l'activité a été détectée. Cette petite habitation n'est pas très loin de notre position et pourrait receler un danger. J'acquiesce et demande par précaution un survol par la Gazelle de l'endroit en question afin d'en observer les abords. De là où je suis, je vois l'appareil tourner tous feux éteints autour de la maison, avec les tireurs d'élite penchés aux portières en train de scruter ce qui s'y trame. *A priori*, rien d'inquiétant. Je prends deux opérateurs avec moi pour aller reconnaître l'habitation isolée. Elle a beau sembler être sans danger, il vaut mieux rester sur ses gardes. La reconnaissance d'un bâtiment est une manœuvre élémentaire, pratiquée des centaines de fois en entraînement. Mais je sais aussi que tout peut basculer en quelques instants, qu'il suffit d'un rien pour déclencher un échange de coups de feu qui pourrait mettre en péril la vie de l'un de mes hommes. Sur place, à l'intérieur de la maison, nous trouvons seulement un vieillard couché sur le sol. Allongé sur le flanc, arborant un air absent, il ne semble rien comprendre aux ordres que nous baragouinons dans un arabe approximatif. Comme s'il cherchait à nous montrer à quel point le déploiement de nos moyens ne l'impressionne pas, il finit par nous ignorer. Sa maison est minuscule, composée d'une seule pièce aux murs en terre séchée, sans meubles, avec une simple natte pour dormir. Un peu partout traînent des petits tas de vêtements et des sacs de provisions. Nous fouillons succinctement les lieux puis ressortons une fois assurés que l'homme ne représente aucun danger pour nous. Au même moment, le

Tigre me signale qu'un autre individu a été repéré, caché sous un bosquet à une vingtaine de mètres de notre position. La tension monte d'un cran. Bien que l'obscurité joue en notre faveur, cette supposée présence humaine représente un risque important, d'autant qu'elle pourrait être le signe qu'il y en a d'autres. Avec précaution, nous allons examiner le bosquet pour y découvrir… trois chèvres tétanisées par le bruit des hélicoptères. L'espace d'un instant, j'ai eu la tentation de récompenser nos efforts par un méchoui bien mérité.

Quelques minutes plus tard, de retour sur l'objectif, je rends compte à mon chef des résultats de notre inspection. Je me dirige ensuite vers mon secteur de surveillance avec mes hommes. Le voisin à qui l'on vient de rendre visite s'approche alors par curiosité. Il n'accepte de faire demi-tour qu'après nos sommations verbales, accompagnées des éclats lumineux et fort dissuasifs qui émanent de nos armes. La gestion de ces cas fait partie intégrante du métier. Nous essayons de hiérarchiser le degré de force employée pour osciller entre la menace, l'agressivité ou l'apaisement.

La fouille de la maison de l'homme que nous recherchions est presque terminée. Le contenu de son campement se résume en réalité à une marmite de lait de chèvre, des sacs de crottins – dont l'odeur repoussante me poursuivra pendant une bonne heure –, une télévision avec parabole et un panneau solaire. L'ensemble est rudimentaire, posé à même le sol de terre battue sous des bâches plastiques. Après de longs interrogatoires et une fouille extensive des habitants de la maison, nous emmenons avec nous le père, un petit homme au teint mat et au physique sec. Nous laissons sur place ses enfants et son épouse. Seul le fils aîné a lui aussi été menotté, avant d'être relâché au moment de notre départ.

Les autres enfants sont restés avec leur mère dans un coin de la maison tout au long de la fouille. Sous ses apparences inoffensives, l'homme que nous avons capturé se révélera être un acteur clé dans l'organisation des groupes terroristes de la région. Nous avons touché le gros lot !

Les hélicoptères multiplient ensuite les allers et retours entre le campement et une plate-forme de ravitaillement improvisée au milieu du désert. Afin de refaire le plein de carburant et ramener les hommes à bon port, cette station d'opportunité a été larguée par parachute dans la nuit qui précède le début de la mission. Les distances sont trop importantes pour que les hélicoptères puissent les parcourir en un seul voyage. Le Caracal nous dépose au sol pour entamer son ravitaillement. Après avoir donné un coup de main pour rassembler les pompes (pesant plus de 80 kg) et commencer la distribution du carburant, nous nous assoupissons vers 4 heures du matin. Le ravitaillement prendra environ deux heures. C'est une pause de courte durée mais, comme nous l'avons appris, il faut savoir profiter du moindre moment de répit au cas où nous devrions repartir en urgence sur une autre mission. Nous nous sommes donc allongés sur des cartons poussiéreux qui ont servi à transporter les palettes d'eau, elles aussi larguées par avion plus tôt dans la journée. C'est une rusticité dont nous avons l'habitude. Tel est notre quotidien en mission : dormir dehors à même le sol, avec pour seule couverture ses vêtements sales, que la sueur a rendus humides et poisseux, et pour oreiller un gilet pare-balles doux comme du Kevlar. Mon dîner est constitué cette nuit-là de quelques gorgées d'eau tiède au goût de plastique et d'une barre de céréales qui a fusionné avec son papier d'emballage. Cette frugalité est l'apanage des soldats. Elle nous apprend à faire beaucoup avec peu et se développe en nous au fil du temps, souvent sous la contrainte. Pendant que le reste du groupe dort, l'un de nous surveille les alentours avec une jumelle de vision thermique. Nous assurons cette tâche à tour de rôle pour que chacun puisse se reposer un peu. C'est ce que le reste de l'armée appelle des « tours de garde » mais que nous désignons par le terme de « quart ». À croire que les marins aiment se distinguer en optant pour un vocabulaire qui leur est propre… En pareilles circonstances, quelque chose me fascine toujours : alors que nous sommes au milieu de nulle part, à plusieurs dizaines de kilomètres du premier village et à au moins une centaine de kilomètres du premier réseau électrique, des petites lumières de téléphones vacillent un peu partout dans la nuit. J'ai retenu cette leçon au cours de mes missions : le désert n'est jamais désert.

Nous restons sur place jusqu'au dernier moment pour protéger le matériel avant de repartir. Les hélicoptères font des allers-retours toute la nuit. D'en bas, j'imagine le sourire taquin des pilotes dans leur cabine qui, chaque fois qu'ils survolent nos corps endormis, nous ensevelissent de poussière en faisant rugir leurs turbines à seulement quelques mètres du sol.

Chapitre 6
Attaque terroriste

Les militaires possèdent un devoir immanent : secourir les otages quels qu'ils soient. Il en est de notre responsabilité de soldats et d'hommes. Un otage est sacré, aucun n'est plus important qu'un autre. Nous risquons nos vies pour eux, sans nous demander si leur valeur intrinsèque mérite que l'un de nous y reste. Parfois, l'attitude de certains peut néanmoins nous rester en travers de la gorge. Ce fut le cas pour deux journalistes, pris en otages en Afghanistan il y a une dizaine d'années parce qu'ils avaient décidé de fausser compagnie aux militaires chargés de leur protection pour se rendre au cœur des tribus talibanes. Ils connaissaient les risques mais ils ont fait ce choix, sans se soucier que, dans l'éventualité d'une capture, des commandos devraient se mettre à leur tour en danger de mort pour aller les récupérer. En leur âme et conscience, ils se sont eux-mêmes jetés dans les griffes de l'ennemi. Ils ont été honnis par toutes les forces armées, mais peu importe : n'importe lequel d'entre nous était prêt à se prendre une balle pour les sauver. Voir un otage mourir est le pire échec qui puisse nous arriver et demeure un souvenir extrêmement amer.

Un événement m'a profondément marqué en ce sens. Ce soir-là, nous dînons dans un restaurant situé à proximité du camp. Avec les gars du groupe, nous aimons beaucoup cet établissement, qui dispose d'une piscine dont nous profitons entre deux opérations. Le lieu est surtout fréquenté par des militaires français. Nous avons beau être habillés en civil, il est aisé de nous reconnaître à notre allure. Certains d'entre nous frôlent le quintal et affichent un physique athlétique qui ne correspond pas vraiment à celui de touristes en safari. Nous tentons de nous faire passer pour une équipe de rugby en tournée lorsque des curieux nous interrogent, mais les habitués ne sont pas dupes. Même pendant notre temps libre, nous ne sortons jamais sans nos armes, que nous accrochons discrètement à la ceinture. Cela nous semble si naturel que nous n'y prêtons même plus attention. Je donnais aussi pour consigne d'emporter le « sac de sport ». Nous y rangions deux fusils automatiques, des munitions et deux radios de type talkie-walkie. C'était le « minimum syndical » pour pouvoir agir en cas d'urgence. Si des terroristes cherchaient à commettre un attentat sur notre lieu de sortie, il était hors de question de nous cacher ou de fuir faute de pouvoir nous défendre. Il est de notre devoir de protéger les innocents, même si c'est depuis le transat d'une piscine ou le tabouret d'un bar à cocktails. Nous posons le sac dans un coin à portée de main, en gardant un œil dessus à tour de rôle.

À la fin du plat de résistance, Luc, mon adjoint, reçut un message sur son portable nous demandant de rentrer aussi vite que possible au camp, sans autre précision. Il se tourne vers moi : « Tu n'as rien reçu ? » Je sors mon téléphone de ma poche : trois appels en absence mais aucun message. Quelque chose se trame. Comme d'habitude lors des mandats à l'étranger, j'ai pris garde à ne pas abuser de l'alcool. Je n'ai bu que deux ou trois verres, mais le vin rouge m'est tout de même monté à la tête. Je commence à me demander si je n'ai pas commis une erreur. Nous sommes certes de repos, mais toujours d'alerte en cas de besoin. Il ne me faut pas longtemps pour avoir confirmation que l'affaire est sérieuse : d'un coup, tous les clients militaires du restaurant se lèvent comme un seul homme et se dirigent vers la sortie en accélérant le pas. « Il va falloir dessoûler très vite… », dis-je à mes camarades alors que nous quittons le restaurant à notre tour avant de nous engouffrer dans le 4×4 garé devant l'établissement. Devant l'urgence apparente de la situation, nous nous échappons sans régler l'addition en faisant un signe au propriétaire, qui avait saisi que l'heure n'était pas à la politesse.

Nous arrivons au camp vers 21 heures. L'agitation est palpable. À l'entrée, le colonel, équipé d'un gilet de combat et d'une arme, dirige avec énergie le départ des camions qui foncent les uns après les autres vers le centre-ville. C'est la première fois que je le vois avec tout son attirail. La situation est bel et bien grave…

Il nous faut peu de temps pour être informé de ce qu'il en est : des coups de feu ont été entendus dans une partie de la ville située à quelques kilomètres du camp. Guillaume ne peut pas nous en dire plus. La commune voisine a souvent été victime d'attentats ces dernières années. Elle a la réputation d'être un lieu de vie pour beaucoup de ressortissants français, ce qui ne fait pas bon ménage avec la présence de djihadistes dans les environs.

La sortie au restaurant semble désormais bien loin. Au moment de rassembler l'équipe, mon état d'esprit bascule dans la réflexion tactique. Les gars du groupe qui n'étaient pas avec nous en ville sont déjà prêts à partir. Je rentre dans ma chambre, j'enfile mon gilet pare-balles et mon casque, j'attrape ma carabine et sors pour rejoindre les véhicules. Je m'aperçois que notre camion tactique manque à l'appel, celui-ci étant déjà parti avec les premiers groupes. Sans attendre, mes hommes ont réussi à récupérer un autre fourgon, qui sert d'habitude à transporter des caisses de petits matériels divers. Tangui en a obtenu les clés auprès des militaires de la logistique, qui les lui ont remises sans la moindre contestation. Tout le groupe grimpe à l'arrière du véhicule et s'assoit contre les parois. Je monte à l'avant avec le conducteur. À ma grande surprise, celui-ci est un jeune engagé du bureau logistique, un gringalet qui ne pèse pas plus de 60 kg, tout mouillé, mais dont la motivation ne pouvait être mise en cause. Je l'avais déjà croisé à la salle de musculation, où il se dépensait sans compter, mais c'était la première fois que je le voyais avec un casque sur la tête. Je me dis intérieurement que c'est le moment propice pour ce novice de réveiller le guerrier qui sommeille en lui… Je déchante un peu lorsqu'il me demande, le regard un peu perdu: «Qu'est-ce que je dois faire maintenant?» Je lui donne une seule consigne: rouler vers le centre-ville. Je lui communiquerai davantage d'informations dès que j'en aurai. Je lui précise que si nous sommes pris à partie au cours du trajet, et qu'il m'arrive quelque chose, il devra coûte que coûte continuer de suivre le véhicule qui nous précède. Je lui intime aussi de rouler doucement pour ne pas trop secouer les gars à l'arrière.

Une fois arrivé en ville, le convoi marque un arrêt au milieu de la circulation. Tout semble tranquille, des berlines vétustes circulent sur l'asphalte en cahotant au milieu d'échoppes animées. Avec la fraîcheur du soir, la population locale se balade ou se retrouve au restaurant. Il n'y a aucun signe d'agitation anormale dans la rue. Je descends sur le trottoir et j'échange quelques mots avec Fanch avant que le convoi ne reparte vers la résidence de l'ambassadeur de France. Ce sera le point de départ d'une opération dont nous ne connaissons pas encore la nature exacte. La file de véhicules pénètre dans l'enceinte de la résidence. Le grand bâtiment est plongé dans le noir, avec seulement quelques néons allumés à l'extérieur. Le personnel de l'ambassade est absent ; seuls des gardiens locaux, dérangés dans leur sommeil, sont sur place. Nous nous installons au pied du bâtiment principal, dont les entrées sont verrouillées. Nous sommes enfin informés de la situation réelle : une attaque terroriste a eu lieu dans un restaurant situé à quelques centaines de mètres et les assaillants sont encore sur place. Nous n'en savons pas plus pour l'instant. Je dois monter au plus vite un plan pour une intervention. Sur un tableau blanc, j'établis les grandes lignes de l'assaut sous l'œil attentif du colonel. Selon mon plan, un premier groupe devra reconnaître le bâtiment en face du restaurant, en y pénétrant par l'arrière pour être à l'abri des vues de la rue et placera des tireurs aux fenêtres en cas de besoin. Un autre groupe devra ensuite pénétrer dans le restaurant en étant couvert par le premier.

Après une attente qui semble bien longue – mais qui, en réalité, ne doit pas dépasser une demi-heure –, deux jeunes militaires affectés au service de l'ambassade nous rejoignent dans le bâtiment. Leur allure d'étudiants en vacances, avec leur pantalon de toile et leur chemise ouverte, jure avec les pistolets et les garrots tactiques qu'ils portent à leur ceinture.

Ils nous apprennent que plusieurs des terroristes sont arrivés à moto non loin du restaurant dans lequel ils étaient en train de dîner. Alertés par les tirs, ils se sont aussitôt rapprochés de l'établissement visé. Les terroristes ont abattu tous les clients à leur portée, avant d'abandonner leurs motos pour se réfugier à l'étage. La terrasse est jonchée de cadavres et maculée de sang. Le bilan provisoire serait de plusieurs dizaines de morts. En s'approchant au plus près du restaurant, les deux militaires de l'ambassade ont pu évaluer l'ampleur de l'attentat et peuvent nous transmettre un maximum d'informations. Dissimulés derrière une voiture, ils ont filmé les lieux et pris des photos, avant de devoir fuir lorsque l'un des assaillants les a aperçus et a tiré dans leur direction.

À ce moment-là, nous ignorons encore combien de terroristes sont sur place. Les forces locales ont déployé plusieurs unités d'intervention mais ont été à moult reprises repoussées par les tirs ennemis. À notre grand désarroi, nous apprenons un peu plus tard que les autorités locales refusent notre aide. Notre colonel a beau multiplier les appels téléphoniques pour relancer son homologue des forces de police locales, il ne parvient pas à obtenir l'autorisation d'intervenir. La réponse de son interlocuteur ne souffre aucune ambiguïté : il refuse toute ingérence de notre part. Dans le restaurant où les terroristes sont toujours retranchés, il ne fait aucun doute que le bilan humain risque encore de s'alourdir.

Au sein de mon groupe, chacun d'entre nous est prêt à intervenir. Galvanisés par les coups de kalachnikovs que nous entendons depuis l'ambassade, nous rongeons notre frein. Nous avons élaboré un plan d'attaque, analysé les derniers renseignements qui nous sont parvenus, nous détenons le matériel et les effectifs pour mener à bien l'opération…

Mais pourquoi attendre ? Mes hommes refusent d'y croire et se préparent à l'assaut qui paraît imminent. Sylvain s'adresse à William qui portera le bouclier balistique : « Ne t'en fais pas, je serai derrière toi. Si tu prends une balle dans la jambe, ne t'arrête surtout pas. » William écoute avec attention. Le bouclier balistique est un grand rectangle de Kevlar si lourd qu'il aura besoin de ses deux bras pour le tenir. Il sera en pointe du dispositif. Un petit hublot en verre blindé à la hauteur de ses yeux lui permettra de regarder devant. Sylvain, lui, couvrira la progression de leur binôme. Une telle action nécessite une confiance absolue tant leurs vies seront liées lors de l'assaut. Ils ont tous enregistré le moindre détail de notre plan d'attaque. Il ne nous manque plus que le « vert » des autorités pour nous ruer sur place. Mais les minutes passent et le « vert » ne vient toujours pas.

Au bout d'une heure, nous comprenons que les perspectives d'intervention s'amenuisent de plus en plus. Au coin de la rue, les coups de feu se font plus sporadiques. La pression retombe peu à peu pour céder la place à la frustration. Nous n'avons pas besoin d'échanger le moindre mot pour savoir que nous bouillons de la même rage.

Un élément cristallise notre rancœur. À notre arrivée à l'ambassade, nous avons appris qu'un Français s'est réfugié dans les toilettes du restaurant au cours de l'attaque terroriste. Nous le savons vivant car il envoyait des SMS avec son téléphone portable depuis sa cachette. À 2 h 30 du matin, nous apprenons sa mort. L'annonce de son décès a provoqué en moi un sentiment d'écœurement. Ce soir-là, j'ai été confronté avec une violence inouïe à l'absurdité de l'orgueil poussé à son paroxysme et à ses sinistres conséquences. Les chefs des unités d'intervention locales s'étaient entêtés à refuser notre aide en se convainquant qu'ils pouvaient gérer eux-mêmes une situation qui dégénérait. Leurs effectifs n'avaient pas été formés pour de telles interventions et ne disposaient pas des moyens nécessaires, mais ils avaient préféré la cécité plutôt que d'admettre leurs limites. Leur seule obsession était d'empêcher « les Français » d'agir, de crainte qu'ils ne raflent les lauriers de la victoire. Ils avaient donc préféré sacrifier des vies humaines sur l'autel de leurs petites ambitions personnelles.

Après de multiples assauts des forces locales, tous les terroristes ont fini par être neutralisés, mais à quel prix ! Avec un goût amer dans la bouche, je rassemble mes hommes pour leur annoncer que nous levons le camp. Nous n'échangeons pas un mot. Vers 3 heures du matin, nous embarquons dans le convoi en direction de notre base. À l'intérieur des véhicules, ceux qui ne conduisent pas se sont mis à somnoler. Dans mes vêtements trempés de sueur, je ne parviens pas à fermer les yeux. L'adrénaline s'est estompée mais elle a laissé place à la colère. Je suis envahi par les regrets et par un sentiment d'impuissance que je n'ai jamais connu jusqu'alors. Nous n'avons pas pu accomplir notre mission, nous n'avons pas sauvé des innocents alors qu'il était de notre devoir de les protéger. Nous en avons été empêchés par des barrières diplomatiques invisibles et le cynisme politique. Malgré tout, je ne parviens pas à me dédouaner de ma propre responsabilité. Avons-nous vraiment fait ce qu'il fallait ? Aurions-nous dû désobéir et forcer la main à la police locale pour faire ce qui était juste ? Cela aurait-il était suffisant pour sauver l'otage français et les dizaines de civils tués ? Ces questions reviennent en boucle dans mon esprit sans que je parvienne à y répondre clairement. En rentrant à la base, je me couche avec le sentiment de ne pas avoir fait mon devoir. Cette idée me poursuit encore aujourd'hui.

Le lendemain, je retournai au restaurant pour payer l'addition.

Chapitre 7
La montagne invisible

Diriger un groupe en mission nécessite une attention importante et quasi permanente. En tant que chef, je deviens autant responsable de mes propres fautes que de celles de mes hommes. En opération, nous pensons avant tout « tactique ». Chacune de nos pensées est concentrée sur l'accomplissement de la mission. Il n'est pas question de vie ou de mort mais d'atteindre un objectif dans le temps et l'espace. Au combat, les sentiments sont mis sous cloche pour ne pas être perturbé. Mais une fois le combat achevé, lorsque l'adrénaline est retombée et que l'on doit manipuler des corps ou les prendre en photo, nous reprenons conscience qu'il s'agit de cadavres d'êtres humains. La plupart d'entre nous n'expriment pas grand-chose de leur ressenti mais certains en parlent ouvertement, parfois sur un ton léger. Sans doute est-ce pour eux un moyen de se préserver. Un opérateur chargé de ramasser les corps déchiquetés pour les enterrer parvenait à faire des plaisanteries dans ces moments-là. Je n'avais pas une telle capacité de distanciation mais l'expérience m'a appris à me blinder. Cela m'a été d'une grande aide lors d'une mission particulière.

Ce jour-là, il était environ 11 heures lorsque Guillaume m'a demandé de le rejoindre au CO. À mon arrivée, lui et Fanch étaient assis sur des chaises pliantes, les yeux rivés sur leurs ordinateurs. Une mission d'opportunité se profilait. Fanch m'en donna les premiers éléments: un groupe d'une dizaine d'hommes en pick-up s'était mis à l'abri dans un oued pour faire une pause dans leur traversée du désert. Certains indices nous avaient mis la puce à l'oreille. Notre mission était d'aller au contact pour vérifier s'il s'agissait d'éléments ennemis et de les neutraliser, le cas échéant. Le cartographe du camp me fit voir une image satellite de la zone et me décrivit les lieux avec le plus de détails géographiques possibles. Comme toujours, son rôle était de nous fournir tous les renseignements dont il disposait. Dans le cas présent, il n'y en avait pas beaucoup…

« Combien sont-ils ? », demandai-je à Guillaume.

— Je ne sais pas.

— Sont-ils armés ?

— Aucune idée. »

L'endroit où se trouvait le groupe suspect n'était pas loin du camp, c'était l'affaire d'une heure en hélicoptère. Après en avoir discuté avec Luc, je décidai d'emmener avec nous un panachage d'armements. Ne sachant pas à qui nous avions affaire, mieux valait nous préparer à toute éventualité. Il pouvait s'agir autant de dangereux djihadistes que de simples commerçants en pause déjeuner. Je notai les informations que je ne pouvais pas retenir et chargeai le reste dans mon GPS de poignet, un appareil aussi gros qu'une montre. En mission, je dois être capable de détruire très vite tous les éléments d'information que je garde avec moi si la situation venait à dégénérer. Je connais la procédure pour effacer rapidement les données de mes équipements électroniques et n'ai jamais plus qu'un petit bout de papier plastifié que je peux aisément faire disparaître en cas de besoin. Il me sert à dessiner des schémas ou à noter des coordonnées. Si tout devait partir en eau de boudin, après une situation qui tournerait en notre défaveur, je connaissais la procédure à suivre sur le bout des doigts. Dans ma tête, j'avais hiérarchisé ce que je devais conserver si je me retrouvais isolé. Contrairement aux idées reçues, je me séparerais de ma gourde en premier. Car si les sources d'eau sont rares dans le désert, la fréquence des passages de caravanes de nomades m'assurait de tomber sur des marchands qui pourraient m'en vendre ou que je pourrais forcer à m'en céder. De plus, en fonction de la météo, je savais que je pouvais tenir quelques jours sans eau. En revanche, je garderais le plus longtemps possible l'argent liquide car j'en aurais forcément besoin dans un pays où même la fidélité s'achète. Le dernier objet dont je me séparerais serait mon arme, mon meilleur moyen de coercition, mon ultime recours et ma protection. Sans elle, je n'aurais aucune garantie que des caravanes acceptent de me ramener chez moi, par exemple.

« L'oued est ici, face à un relief, m'indique le cartographe. C'est là que le groupe suspect a été détecté par un drone. » Je consulte Guillaume sur ses intentions et nous nous concertons pour définir un plan d'action sûr et rapide. Ce sera la priorité à la capture. Je propose que les hélicos nous déposent au pied du relief. Nous pourrons ainsi le contourner pour aborder l'oued discrètement pendant que le groupe du CPA 10 couvrira notre avancée depuis le haut du massif.

Guillaume et Fanch donnent leur accord. De retour à mon baraquement, j'expose la mission à mes hommes en une dizaine de minutes. Le support de ma présentation se résume à une photo satellite d'un coin de désert. Pas le temps pour une maquette, ni pour un long discours. Je leur précise que nous allons à la rencontre d'un groupe d'individus probablement dangereux, dont le nombre et le niveau d'armement ne sont pas déterminés, dans une zone inconnue pour nous mais qui est probablement un repaire familier pour eux. Les gars comprennent vite que je n'ai pas grand-chose à leur dire de plus. Ils savent qu'il y aura peut-être des accrocs ou des cas « non conformes ». Dans un tel scénario, rien n'est prévu, ce qui laisse place à une grande part d'improvisation. Mais nous avons confiance les uns en les autres, nous sommes formés pour cela. La réponse de mes hommes est unanime : « Quand est-ce qu'on décolle ? »

Après un déjeuner sur le pouce, nous nous équipons et sautons dans les deux hélicos, un pour chaque groupe. Les pilotes de Tigre et de Gazelle sont déjà partis pour contenir le groupe suspect s'il devait se montrer mobile, et pour nous renseigner sur l'évolution de la situation jusqu'au dernier moment. Nous volons en formation pendant environ cinquante minutes. La chaleur est intense, malgré les portières ouvertes et le vent qui s'engouffre dans la soute. En me penchant par la portière, j'aperçois au loin le Tigre qui fait des allers-retours à basse altitude au-dessus d'une zone boisée. Sur l'intercom de bord, Guillaume m'indique que l'appareil vient de neutraliser un premier ennemi. À l'approche du dispositif aérien, un homme était sorti du bois avec une mitrailleuse lourde à la hanche et avait fait feu en direction de l'hélicoptère d'attaque. Une attitude à mi-chemin entre la bravoure et la folie. L'appareil avait riposté au canon, faisant définitivement taire le belligérant. La situation venait donc de basculer. Il n'y avait désormais plus de « groupe suspect », mais bel et bien des ennemis. Autrement dit : nous allons au combat. Pendant que je regarde dehors, quelque chose m'interpelle soudain : « Mais où est notre relief ? » Mon interrogation n'est pas anodine. Le relief en question est de la plus haute importance tactique : il doit nous protéger d'éventuels tirs ennemis lors de l'une des phases les plus critiques de la mission, celle de la dépose au sol, là où nous sommes le plus exposés. Au fur et à mesure que mes yeux scrutent la zone, je me rends compte que le relief espéré est bel et bien absent ! Nous faisons à cet instant l'amère expérience des limites des images satellite en deux dimensions. Mais il est trop tard pour faire demi-tour. Les pilotes vont nous déposer dans une étendue plane sans obstacles naturels. En jargon tactique, on appelle cela un « billard ». Nous repositionner maintenant est impossible car la descente est déjà entamée et cela nous contraindrait à reconfigurer tout le dispositif. Nous n'en avons pas le temps. Tant pis, *À Dieu Vat* ! Je décroche ma sangle pour me préparer à bondir hors de la carlingue. Le pilote pose l'appareil comme une fleur et l'ensemble du groupe en sort en quelques secondes. Un grand souffle de poussière provoqué par les hélices nous oblige à pencher la tête et à plisser les yeux. Nous sommes à présent sur un sol parfaitement lisse, parsemé seulement de quelques pierres. À 300 m, je distingue la lisière du bois de l'oued, qui s'étend face à nous le long d'un axe nord-sud. Je n'ai pas le temps d'examiner davantage la zone : à peine les roues de notre transporteur ont-elles quitté le sol qu'une averse de balles déferle sur nous. Tout le groupe plonge à terre. L'air siffle au passage des projectiles et les impacts craquent en pénétrant la surface terrestre. Nous répliquons en visant l'endroit d'où provient l'attaque. Les tirs forment des éclats brillants en lisière de bois. Je me redresse pour faire le compte : tous mes hommes sont là, en un seul morceau. Dans ce genre de situation, le temps s'écoule très lentement. Une seconde semble durer une minute et les minutes deviennent des heures. Tous nos sens sont à l'affût et nous reproduisons par réflexe ce que nous pratiquons à l'entraînement. J'analyse l'environnement sous un angle purement tactique. Il n'y a plus d'étendue désertique, de buttes ou de forêt. Il n'y a que des zones de « découvert », des zones « abritées » et des zones d'« évolutions ». Les tirs sont intenses et tout le monde tente de se coller au sol le plus possible, tout en répliquant aux mitrailleuses. Je décide de ne pas rester là, nous sommes une cible trop facile au milieu du désert. Seul hic : il n'y a nulle part où nous replier entre nous et l'ennemi. Le groupe doit bouger par petites équipes de quatre ou cinq pour rallier le sud de l'oued sur notre droite. La première moitié du groupe s'élance tandis que l'autre la couvre face aux feux adverses, puis nous inversons les rôles. Nos deux tireurs d'élite, qui sont mieux équipés et formés pour viser sur de longues distances, repèrent rapidement les ennemis au loin et en abattent plusieurs. Au-dessus de nous, le Tigre manœuvre pour esquiver les tirs venant du sol. J'entends son vrombissement s'approcher et s'éloigner jusqu'à ce que son canon se déclenche. L'hélico soulève alors des nuages de poussière qui s'élèvent au-dessus de la végétation de tamarins et d'acacias. Le vrombissement se rapproche puis s'éloigne au fur et à mesure des manœuvres de l'appareil pour qu'il ne se laisse pas toucher par un tir ennemi. Dès que le canon se déclenche, un grondement soulève une gerbe de sable et de roches. L'appareil tourne au-dessus de nos têtes pour nous protéger tant bien que mal, mais les pilotes ne sont pas en mesure d'identifier toutes les positions adverses depuis les airs. Ses tirs nous permettent néanmoins de localiser des combattants adverses cachés dans les végétaux en dehors de l'oued. À ce stade, j'ai besoin de découper mon environnement en «séquences» de petite taille, à la mesure du groupe et de ma capacité de décision. Pour l'instant, c'est assez simple : nos ennemis sont dissimulés dans les bois et, de toute évidence, ils nous observent. Nous demeurons des cibles faciles tant que nous restons sur cette large étendue, d'autant que nous ignorons encore le nombre de nos adversaires. Je prends la décision d'avancer vers le bois. Avec l'ensemble du groupe, nous cavalons pour atteindre le bord de la bande forestière sous le sifflement sec des balles. Une centaine de mètres nous sépare encore des positions ennemies. Des nuées de sable jaillissent à nos pieds pendant que nous courons. L'équipe du CPA 10 de l'autre hélicoptère arrose copieusement le bois pour couvrir notre avancée. Grâce à l'appui de nos camarades, les ennemis éprouvent à présent les plus grandes difficultés pour nous canarder. En arrivant aux abords de la zone boisée, deux options s'offrent à moi. La première : rester sur cette position légèrement à l'abri, ce qui nous permettrait de reprendre notre souffle mais laisserait à l'ennemi le temps de se réorganiser et de se renforcer. La seconde : couper l'herbe sous le pied de nos adversaires en les prenant par surprise. Cela impose de manœuvrer rapidement, sans attendre une minute de plus. La seconde option me paraît vite être la plus pertinente. Après tout, nous ne sommes pas venus jusqu'ici pour cueillir du muguet. Ne parvenant pas à communiquer avec lui par radio (qui, comme à l'accoutumée, se montre capricieuse), je rejoins Fanch, qui se tient juste derrière nous. Je lui expose en vitesse mon intention de remonter tout l'oued du sud vers le nord pour débusquer nos agresseurs et en découdre. À cet instant, j'entends d'autres tirs arriver plus au sud dans une sorte de feux croisés. Fanch acquiesce de manière distraite à ma proposition tout en demeurant concentré sur ces nouveaux feux croisés. J'apprendrai plus tard qu'il s'agissait d'un échange de tirs entre un élément djihadiste isolé et le tireur d'élite d'une Gazelle qui tentait de l'arrêter. Il ne m'en faut pas plus. Je repars sans demander mon reste, à demi voûté pour éviter les balles. De retour près du groupe, je jette un coup d'œil alentour avant d'entamer la progression à travers des herbes hautes qui bordent la forêt. Toujours sous les tirs ennemis, nous cherchons à nous abriter derrière de petits talus au bord de l'oued. Je m'allonge juste à côté des tireurs d'élite. Sylvain me conseille de ne pas rester là : une rafale de 7,62 mm venait de tomber à cet endroit un instant avant mon arrivée. Je roule sur le côté. En constatant les impacts de balles sur le sable, j'encourage nos tireurs à envoyer *ad patres* les premiers assaillants, visibles dans les herbes hautes à quelques centaines de mètres. Les tirs se font moins nombreux et je ne parviens plus à distinguer le bruit si caractéristique des fusils d'assaut russes utilisés par nos ennemis face au CPA 10, qui se trouve encore derrière nous. Je présume qu'une partie de nos adversaires ont été neutralisés ou se sont repliés dans le sous-bois.

Le groupe s'articule rapidement et commence l'exploration de la vaste étendue de végétation. Je choisis une formation tactique qui permet aux pilotes de nous distinguer nettement et de bénéficier d'une zone de tir claire, sans risque de tir fratricide. Chacun sait où se trouve son voisin, nous nous épaulons les uns les autres. Au pied d'un arbuste, à quelques mètres de moi, je distingue deux hommes noirs au sol. L'un est allongé face contre terre, l'autre est assis contre un arbuste. En m'approchant, je vois que la djellaba de l'un d'eux est tachée de grandes marques de sang. Il a les pieds légèrement écartés, les bras le long de son tronc avachi et les paumes tournées vers le ciel. Dans d'autres circonstances, il aurait pu être endormi… Un chèche, plaqué par un coup de vent, recouvre son visage. À travers, je perçois qu'il respire péniblement, la tête légèrement penchée en arrière. Il me fait l'impression d'un sportif qui essaierait de retrouver son souffle après une longue course. Au bout de quelques secondes, sa respiration s'arrête définitivement. Quelques mètres plus loin, je rejoins Sylvain qui s'est rapproché de l'autre corps inerte. « Tu l'as vérifié ?, lui demandai-je.

— Oui », répond-il sobrement.

Par précaution, il a contrôlé le corps inerte de l'ennemi pour s'assurer que celui-ci ne simulait pas sa mort afin de ne nous prendre à revers. Malgré l'urgence de la situation, nous devons y prendre garde.

Nous arrivons face à un pick-up stationné sous un grand arbre. Ses occupants ont tout laissé en plan, probablement dans la précipitation de notre arrivée. Nicolas et moi vérifions qu'aucun ennemi ne se trouve encore à proximité. En faisant le tour du véhicule, nous tombons face à face. Nous baissons doucement nos fusils pointés l'un vers l'autre. Si nous n'avions pas eu les idées claires, l'un de nous deux aurait pu commettre l'erreur de tirer. Peut-être que, sans notre entraînement, nous aurions eu plus de mal à rester lucides.

À l'intérieur du pick-up, nous trouvons des vêtements, de la nourriture et des armes. La quantité de ces équipements me permet d'en déduire que nos ennemis sont encore nombreux sur place. La tension se lit sur chacun de nos visages. Nous sommes tous dans un état de vigilance extrême. L'ennemi peut se cacher n'importe où. Avec une multitude d'arbustes espacés de quelques mètres, l'oued regorge de cachettes. C'est infernal. Après avoir vérifié que tout le monde va bien, nous réajustons notre formation et reprenons nos recherches. Guillaume, Fanch, le médecin et le « sorcier » sont sur nos talons. Le « sorcier » est l'un des surnoms que les marins donnent à l'infirmier pour le différencier du médecin que nous appelons « le doc ». Ce sont de vieilles traditions qui perdurent encore aujourd'hui. Soudain, j'entends un hurlement sur ma gauche. Je m'approche en vitesse pour évaluer la situation. Simon et Luc distinguent des hommes cachés sous un buisson. Ils leur commandent aussitôt de se mettre à genoux, en joignant les gestes à la parole pour se faire comprendre. Au moins cinq hommes surgissent des fourrés, l'air hébété et les mains en l'air. Ils étaient restés cachés sous un arbuste en attendant leur sort. Simon et Luc les fouillent puis les entravent un à un. Je laisse Simon, notre secouriste en chef, avec le groupe de prisonniers. S'ils sont blessés, il saura quoi faire. De plus, si nous sommes confrontés à de nouveaux échanges de tirs, il restera à l'abri quelques mètres en arrière et pourra venir en aide à nos blessés.

Nous repartons. Je ruisselle de transpiration mais je tiens fermement mon arme. Je suis plus que jamais concentré sur l'objectif : fouiller cet oued et briser la manœuvre ennemie. La radio émet en continu, les pilotes communiquant aussi avec les commandos du CPA 10 partis capturer des fuyards

1. Stage commando

2. Entraînement maritime

FRENCH
FRENCH NAVY

3. Entraînement aéro

DAL
L

524

4. Entraînement terrestre

لا إله إلا الله
الله
رسول
محمد

en déroute de l'autre côté de l'oued. Les pilotes doivent non seulement se coordonner pour aider les troupes au sol, mais aussi veiller à ne pas entrer en collision dans les airs. Nous poursuivons notre progression. Pas à pas, buisson après buisson. Au détour d'un arbuste, je sens tout à coup le vent de la mort m'effleurer. Devant moi, Tangui se jette au sol. Il vient lui aussi d'échapper à la rafale tombée à quelques centimètres de ma jambe. Les impacts claquent sur le sol dans un bruit sourd. Les balles continuent de fuser autour de moi. Je comprends que les tireurs sont tout proches. Instinctivement, je me décale et me positionne pour tirer. D'un geste, je débloque la sûreté de mon arme et tire vers la zone d'où proviennent les attaques. Je l'ai identifiée par les éclats lumineux émis par le canon des armes ennemies et par la poussière provoquée par l'onde de choc après chaque coup de feu. Nous tirons à l'unisson, avec Luc et Tangui, ce dernier toujours plaqué au sol. Je m'avise que nous ne sommes qu'à une dizaine de mètres des tireurs embusqués. J'ignore si nos tirs les atteignent, en raison de l'abondante végétation derrière laquelle ils se dissimulent. Malgré nos salves, leurs ardeurs reprennent de plus belle après avoir semblé faiblir. Je vois les impacts des projectiles sur le sol juste devant moi. Sans réfléchir, je me déporte derrière le buisson le plus proche pour me camoufler. Je sais que, si les tireurs m'aperçoivent, ils risquent de tirer « au juger » dans ma direction. Les minces branches du buisson ne me seraient alors d'aucune protection face à leurs kalachnikovs. La menace est de plus en plus proche, il faut faire vite. Ce sera eux ou nous.

À ce moment précis, la radio crépite à mon oreille : « Je suis en fichant ! Je peux engager ! » Je reconnais instantanément Thibaut, le pilote du Tigre. Par cette phrase, il m'indique qu'il a suivi la situation depuis les airs et qu'il peut tirer sur nos ennemis sans risquer de nous atteindre. Son canon est orienté presque verticalement, mais les potentiels ricochets sur un obus de 30 mm n'en seraient pas moins mortels. J'avais déjà travaillé avec le Tigre en exercice. J'avais vu ce que donnaient des tirs commandés par des opérateurs formés et entraînés à désigner des cibles au pilote de l'aéronef, dont la vision depuis le ciel est très différente de celle des commandos au sol. Si un homme abrité sous un arbre est imperceptible pour lui, la déformation d'un terrain – impossible à voir de notre position – devient parfaitement repérable depuis les airs. Reste que je n'ai encore jamais commandé moi-même de tels tirs. Je me retrouve dans une situation inédite alors que le moment est critique. Un tir de Tigre est à la fois une bénédiction par sa puissance de feu, mais aussi un réel danger pour les troupes amies. Il faut imaginer un canon qui tire 37 obus en trois secondes : chaque obus possède une ogive de 3 cm de diamètre, filant à 1 000 m par seconde. Si ces tirs sont d'une précision chirurgicale, ils génèrent des éclats mortels qui fusent jusqu'à 70 m aux alentours. Or nous ne sommes qu'à une dizaine de mètres seulement de l'ennemi ! À cet instant, je choisis de faire confiance au professionnalisme et à la dextérité de l'équipage de l'hélicoptère. Le danger est trop imminent pour ne pas utiliser cet atout. Attendre n'est plus une option. En interrompant mes tirs, je jette un dernier coup d'œil autour de nous, j'ordonne à Luc de s'éloigner de la zone de tir, puis j'annonce au pilote : « Quand tu veux. » La seconde suivante, je hurle à mon groupe : « Attention, tir Tigre ! » Tous les gars reculent de quelques pas pour éviter d'être exposés au moment du déclenchement. L'impact est immédiat. J'en mesure l'ampleur au bruit assourdissant de la détonation et au nuage de poussière qui se soulève au niveau de la position ennemie. Malgré notre proximité, aucun d'entre nous n'a heureusement été touché. Masqué par les buissons, je ne sais pas si nos adversaires sont morts ou seulement blessés. Au même titre qu'ils avaient su sortir indemnes de nos premières salves de tirs, ils ont tout autant pu survivre à l'attaque de l'hélico si celle-ci a manqué leur position. J'ai vu des hommes ressortir indemnes de plusieurs rafales de tirs du Tigre, la poussière créant un masque derrière lequel ils avaient pu se cacher. La tension a beau être maximale, nous demeurons parfaitement lucides, la tactique ayant pris le dessus sur d'éventuelles émotions « parasites ». Nos gestes sont précis et rapides, entièrement tournés vers l'action. J'ordonne de lancer une grenade pour assurer le coup avant de déclencher l'assaut final. À côté de moi, Luc et Tangui gardent leurs armes pointées sur l'ennemi. Le danger est trop immédiat, trop proche pour nous laisser le temps de tergiverser. J'attrape moi-même une grenade offensive dans le dos de Tangui. Je la dégoupille puis la lance suffisamment fort pour que sa course ne soit pas freinée par des branches sur sa trajectoire. La grenade fait mouche. L'explosion soulève un nouveau nuage de poussière. Nous fondons aussitôt sur leur position, les armes dressées. À leur hauteur, nous découvrons deux cadavres nichés dans un trou au pied d'un buisson. Ils portent encore leurs armes sur eux, les chargeurs et étuis de cartouches sont dispersés autour de leur corps. Ils ont sans doute eu ce qu'ils voulaient : mourir en combattant. Il est visible au premier coup d'œil qu'ils sont bel et bien hors d'état de nuire. Le canon de 30 mm, nos tirs puis la grenade ne les ont pas épargnés. L'une des dépouilles n'a plus qu'une vague ressemblance avec un être humain : le tronc est torsadé au niveau du bassin sur l'axe de sa colonne vertébrale, des morceaux d'organes sont répandus sur le sol, une main a été projetée à quelques mètres du reste du corps. Je la récupérerai plus tard pour rassembler ses membres et enterrer le cadavre. Ces corps malmenés ne provoquent en moi ni trouble ni dégout. À ce moment-là, je n'ai aucun sentiment pour ces hommes, je suis seulement habité par la volonté de poursuivre les derniers de nos agresseurs pour les empêcher de nuire et de terminer la mission.

À peine la situation est-elle stabilisée que le Tigre m'annonce qu'il visualise d'autres « taches de chaleur » dans les amas de végétaux, sur l'avant du chemin que nous empruntons. Pas le temps de souffler, la traque doit se poursuivre. Nous reprenons notre formation tactique initiale. J'annonce par radio au chef que nous nous réengageons dans l'exploration de l'oued. Dans le groupe, les visages habituellement souriants et détendus sont devenus graves. Mes hommes sont dans un état d'hypervigilance, lequel émerge généralement lorsque la situation se dégrade et que nos vies sont en jeu. Le navigateur du Tigre m'informe que la « tache » qu'il a repérée se trouve à 50 m de nous. Nous marchons sans nous précipiter, nos gestes restent mesurés et nos yeux sont partout. Nous guettons le moindre signe de présence ennemie. C'est une véritable chasse. Nous sommes désormais à 25 m. « La tache est toujours là, elle ne bouge pas », m'indique le pilote. 10 m. « Louis, tu ne vois toujours rien ? » Nos armes sont prêtes à tirer. Nous sommes parés à toute éventualité. Je jette des coups d'œil à droite et à gauche tout en continuant d'avancer. Luc distingue des traces de pas fraîches dans le sol et l'annonce à la radio : nous sommes l'alliance des équipements de détection dernier cri… et de notre flair de chasseur. L'ennemi ne doit plus être loin. Tout à coup, alors que je franchis un buisson, je perçois sur ma gauche une forme ronde de couleur kaki. Elle est immobile, ne dépassant que légèrement des branchages. Cette courbe déclenche chez moi une réaction instinctive. Je marque une pause. Mon regard fixe cet objet qui dénote dans le paysage. J'identifie sans mal le postérieur d'un homme accroupi, vêtu d'une djellaba verte. Il semble aux aguets sous son arbuste. Il est aisé de deviner qu'il scrute notre avancée à travers les branches du buisson. Son fusil d'assaut au poing, il est prêt à nous embusquer. Lentement, sans qu'il ne m'entende, j'arrive par le côté à la hauteur de son flanc. Je ne dois prendre aucun risque. La zone est devenue très dangereuse, il peut rester d'autres combattants. Dès que je suis suffisamment proche, avant même de parler, j'effectue des tirs de sommation dans le sol. Les impacts à quelques centimètres de ses jambes suffisent à lui faire comprendre qu'il n'a plus que deux solutions : se rendre ou mourir. Il sait que, s'il se relève en pointant son arme, je l'abattrai sans hésitation. Après être demeuré un instant immobile, il relâche sa kalachnikov et se tourne vers moi les mains levées. Il s'était sans doute posté face à notre progression et nous attendait l'arme à la main. Mais il ne nous a pas entendus le contourner et son piège a échoué. Je le garde en joue jusqu'à ce qu'un opérateur vienne le fouiller. C'est un grand gaillard aux épaules larges. Il est mieux vêtu que le reste de ses acolytes, porte des bijoux et une jolie montre. Il a le visage d'un Maghrébin, des cheveux noirs et frisés, une barbe soignée et quelques cicatrices au visage, qu'un chèche d'un blanc éclatant recouvrait en partie. Nous découvrirons plus tard qu'il s'agissait du chef du groupe contre lequel nous combattions.

Je décide d'achever l'exploration de la zone avant de poursuivre la route avec notre nouveau prisonnier. Une Gazelle a déposé son tireur d'élite embarqué avant de repartir faire le plein de carburant. Celui-ci est venu nous prêter main-forte, je lui confie la garde de notre prisonnier en djellaba verte. Ce tireur d'élite est lui aussi un puissant gaillard, un militaire originaire des îles, d'une grande gentillesse au quotidien. Je connais bien les gars du Pacifique : sous leurs airs d'enfants de chœur, ils cachent bien souvent une âme de guerrier redoutable.

À ce moment-là, nous avons d'ores et déjà tué ou capturé une vingtaine de combattants ennemis. Mais l'oued s'étend encore loin. J'ai besoin de savoir si nos adversaires sont encore nombreux et si nous devons nous attendre à être pris par surprise au fur et à mesure de notre avancée. Je m'isole avec le prisonnier et son gardien pour procéder à l'interrogatoire tactique en lui ôtant le masque qui cachait ses yeux. Après quelques minutes, il m'avoue qu'il ignore combien de combattants sont encore présents. Je n'arrive pas à lui soutirer davantage d'informations. Je le sens encore sous le choc d'avoir perdu ses camarades. Il tente de nous apitoyer, mais je n'hésite pas à lui montrer de manière rugueuse que sa manœuvre est sans effet sur moi. Pour autant, je n'éprouve pas la moindre haine envers ces gens, malgré leurs actions et leurs choix barbares. Par moments, je ressens même de la compassion pour les plus jeunes qui ont été embrigadés dans cette funeste machinerie. Je fais simplement mon travail, je sers la France, en espérant rétablir un peu de justice autour de moi.

Au cœur de l'oued, Guillaume et son adjoint s'affairent déjà à leurs comptes rendus. En m'approchant, je lui annonce le bilan de l'opération, essoufflé par ma course dans le sable et la poussière qui obstrue mes bronches. Il se tourne vers moi, cigarette aux lèvres, et me dit, en me fixant droit dans les yeux : « On a eu de la chance, tu sais. On a eu de la chance… » J'opine du chef sans vraiment prendre conscience de ce que cela signifie. Mon logiciel de réflexion tactique occupe encore l'intégralité de mon esprit. Je n'en suis pas encore au stade de songer à ce à quoi nous avons échappé, je reste focalisé sur ce qui pourrait advenir. Après avoir ôté nos casques et pris quelques minutes pour réfléchir à la suite de la manœuvre, nous organisons la fouille de la zone, la recherche d'indices ainsi que l'évaluation de l'état des blessés et des prisonniers. Il faut veiller à ce qu'ils ne se déshydratent pas sous le soleil de plomb. Nous finissons par enterrer les corps de nos ennemis décédés, pour qu'ils reposent dans une sépulture décente. En traversant la zone, je ramasse une kalachnikov près d'un corps. En inspectant l'arme, mes mains se couvrent de chair et de sang. À l'endroit où je l'ai trouvée, je remarque qu'il ne reste du corps de son propriétaire qu'une bouillie humaine dont on ne distingue que quelques membres. Ce pauvre hère avait littéralement éclaté sous l'impact des balles de gros calibre qui l'ont achevé. Non sans un certain dégoût, je repose l'arme au sol, qui sera prise en photo avec l'ensemble de la scène pour le compte rendu.

Nous rassemblons dans les deux pick-up ennemis l'ensemble des munitions et des armements que nous n'emporterons pas afin de les détruire. À la fin de la journée, les deux bennes des véhicules sont remplies d'une vingtaine d'armes, de grenades et de munitions en tout genre. Leur quantité est si importante que nous devons demander à la Gazelle de transporter les boîtes de munitions d'un bout à l'autre de la zone, qui s'étend sur plusieurs centaines de mètres. Les djihadistes ont dispersé leur matériel avant notre arrivée, probablement affolés par la perte de nombre des leurs et le combat qui se rapprochait. Les Gazelles comptent deux membres d'équipage : le commandant de bord et son pilote. Patrice, le commandant de l'hélico, est ravi de pouvoir nous aider. Il charge son appareil au maximum, empilant même des boîtes sous son propre siège. Une fois sa tâche exécutée, il se juche sur le patin extérieur en imitant un chanteur de rock accroché au bord de la cellule de son aéronef, tandis que son pilote fait décoller l'appareil. Il retrouve un instant l'enthousiasme du karaoké auquel il a participé la veille.

Cela fait plusieurs heures déjà que nous sommes sur le site. Les hélicoptères sont partis se ravitailler en carburant, seuls les drones gardent un œil sur nous. En fouillant les pick-up, une heureuse découverte nous attend. Nous y trouvons tout le nécessaire pour traverser le désert : des jumelles, des GPS, des cartes, des vivres, des armes et des munitions. Mais ce n'est pas le plus beau ! Au fond d'un sac, les djihadistes avaient plié un drapeau de Daech, qu'ils utilisaient sans doute comme étendard. C'est une belle prise de guerre. Je devine la sensation que nos anciens pouvaient ressentir lorsqu'ils s'emparaient d'un drapeau ennemi après un combat. Il y a quelque chose d'instinctif et de glorieux qui se dégage dans ce sentiment. Après l'analyse du drapeau par un laboratoire, je veillerai précieusement à le récupérer pour le ramener en France. Il trône, aujourd'hui encore, au mur de notre commando comme un trophée, en souvenir de cette belle victoire sur l'ennemi. Pour l'heure, je dois encore passer du temps à faire des allers-retours entre Guillaume et les gars du groupe, qui épluchent chaque centimètre carré du matériel ennemi. Au détour d'un buisson, je vois Marc sortir soudainement son arme de poing et la braquer vers l'extérieur de l'oued. Je contourne aussitôt la végétation et me retrouve face à une scène improbable. Un homme d'apparence assez âgée, en sandales et djellaba claire, avance lentement vers un opérateur du CPA 10. Ce dernier le pointe avec son arme et lui hurle de s'arrêter. Pris par la fouille de la zone, nous n'avons pas détecté ce discret intrus. Malgré un important dispositif de surveillance aux abords de la zone, il est passé inaperçu et est parvenu à s'approcher au plus près des opérateurs. Il est probablement revenu vers nous après avoir entendu les hélicoptères s'éloigner en nous pensant partis avec eux. Est-il un combattant qui avait pris la fuite avant de revenir ? Un habitant local sympathisant de l'ennemi ? Un simple curieux ? Nous l'ignorons à cet instant. Nous n'avons qu'une certitude : il n'a que faire des ordres de l'opérateur qui lui crie de s'arrêter et de soulever sa djellaba. La procédure veut que nous nous assurions qu'il ne porte ni armes ni ceinture explosive dissimulées sous ses vêtements avant de l'approcher. En l'observant, je devine la fierté de ce nomade au visage calme et au teint buriné par le soleil. Il est probablement l'aîné d'une tribu, d'une famille qui habite cette zone depuis des siècles, des millénaires peut-être. Les tirs de sommation, dont les derniers atterrissent à moins de 1 m de ses pieds, finissent par le figer. Il soulève enfin ses vêtements et tourne sur lui-même avant de se laisser menotter par des opérateurs encore irrités par son détachement.

Après cet intermède, une fois le matériel trié et les prisonniers emportés, il ne nous reste plus qu'à faire exploser les véhicules saisis, avec leur contenu pyrotechnique : des munitions de différents calibres, de l'arme de poing au lance-roquettes. Nous rassemblons le tout dans la benne des véhicules, puis nous y plaçons des charges explosives. Une fois cela mis en place, nous nous éloignons et attendons le signal du chef pour lancer la mise à feu. La nuit tombe, rougeoyant doucement l'horizon au son des criquets. Installés à une centaine de mètres, à demi couchés sur le flanc, nous attendons le feu d'artifice. J'ai un sentiment d'accomplissement, mêlé à l'excitation enfantine de l'attente du bouquet final. Il doit être aux alentours de 20 heures lorsque les hélicos de récupération se mettent en route. Avant leur arrivée, Guillaume nous ordonne enfin la mise à feu. L'explosion des véhicules fait trembler le sol. Une vague de chaleur réchauffe nos visages dans la nuit. Les balles restées dans le coffre du pick-up jaillissent dans le ciel en sifflant. Les grenades explosent et les réservoirs de gazole pulvérisés forment une gerbe de flammes qui gonfle en un claquement de doigt. Le panache de feu s'étend sous la voûte étoilée. Il permet aux pilotes de nous localiser facilement, dans la bande de désert. Nous les voyons arriver en vrombissant au milieu du bleu infini de la nuit africaine. J'aime beaucoup ce moment car il donne du sens à nos engagements. Nous avons neutralisé 22 djihadistes, dont certains cadres. Un beau tableau ! Nous avons traqué l'ennemi, mètre après mètre, obstacle après obstacle, en plein jour, sans nous arrêter pour ne leur laisser aucun répit. En agissant avec une audace réfléchie, nous avons réussi à imposer notre rythme à l'adversaire. Nous avons sans cesse pris l'initiative sur leur propre terrain, coupant ainsi leur manœuvre et les figeant dans leurs positions. Nos chefs, confiants dans les capacités du groupe à faire face, m'ont laissé déployer toute notre habilité contre ce groupe ennemi aguerri et déterminé.

Affalé dans la soute de l'hélicoptère, je pense à nos pilotes qui n'ont pas quitté leur appareil depuis le début de la mission, effectuant une fois encore d'incessants allers-retours entre la base, la zone d'action et la zone de ravitaillement. Nous échangeons quelques mots sur la radio de bord pour leur raconter ce qui s'est passé, du fait qu'ils n'ont suivi l'action que par le biais de la radio. Ils s'enthousiasment à l'idée que l'ensemble du groupe rentre bien vivant après cette victoire. Je les remercie pour leur soutien. Le sentiment fraternel qui nous unit a beau être indicible, il n'est jamais aussi palpable qu'à l'issue d'une mission. Les pilotes nous appellent les « pousse-cailloux », nous les surnommons les « pilotes de ventilos ». Malgré ces affectueux sobriquets, nous n'en sommes pas moins d'authentiques frères d'armes. Durant tout le trajet de nuit, les mécanos de bord, armés de mitrailleuses de sabord, scrutent le désert à travers leurs lunettes de vision nocturne, prêts à protéger le convoi aérien de toute attaque potentielle. J'ai une pensée reconnaissante pour eux tandis que je m'abandonne aux bras de Morphée, bercé par les vibrations de la soute.

Le lendemain, au détour du CO, je croise Tom, un membre de la délégation des forces spéciales américaines avec lesquelles nous cohabitons sur le camp. C'est un *Navy Seal* du *Dev Gru*[1] avec qui je m'entends bien. Ce gaillard chevelu à la barbe hirsute lisait des bouquins sur l'arboriculture dès

1. Development Group.

qu'il avait du temps libre car son père était bûcheron et il envisageait cette reconversion après l'armée. Il avait suivi le déroulé de notre mission depuis la caméra du drone. « Tu as pu en tuer quelques-uns ? », me demanda-t-il avec un sourire qui illumine son visage, dans un mélange d'avidité et d'enthousiasme. Interloqué par sa question, je réponds sans réfléchir : « Euh… oui. » Il grimaça de satisfaction, serrant le poing en signe de victoire avant de s'exclamer : « Yes ! » J'étais déstabilisé par son exaltation. Je demeurai un instant face à lui, penaud, en souriant poliment avant de tourner les talons. Que croyait-il ? Je ne revenais pas d'une partie de chasse, il s'agissait d'êtres humains. Certes ils étaient des ennemis dont je méprisais l'idéologie, la cruauté et la cupidité, mais ils n'en demeuraient pas moins des hommes comme lui et moi. Et, à ce titre, ils avaient droit au respect élémentaire. Et puis, même si cela était difficile à admettre, eux aussi étaient des soldats, qui défendaient leur cause. Ils avaient choisi de prendre les armes et de se battre pour ce qui était juste à leurs yeux. Je ne parvenais pas à comprendre l'attitude de mon homologue américain. J'y voyais une forme de condescendance envers l'ennemi, un phénomène assez fréquent au sein des forces de l'Oncle Sam.

Mes hommes et moi n'étions pas de ce bord-là. Les soldats français ont le goût du combat, pas celui du sang.

Chapitre 8
Dilemme moral

Lorsqu'un attentat est commis en France, nous réagissons comme l'immense majorité de nos compatriotes : nous sommes emplis de ressentiment et d'une envie de justice. Notre devoir est de combattre ceux qui font couler le sang au nom d'une idéologie barbare. C'est ce que nous faisons lors de nos missions, c'est dans cette perspective que nous nous entraînons au quotidien ; enfin, c'est au nom de cet objectif que nous acceptons nombre de sacrifices. Nous n'en conservons pas moins la tête froide. Nous ne sommes pas des fanatisés comme ceux que nous combattons. Nous menons une guerre pour défendre des valeurs qui sont à l'opposé de celles que prônent nos ennemis. Nous ne leur ressemblons pas, et devenir comme eux constituerait une défaite morale de nature à s'avérer bien plus lourde de conséquences que des échecs militaires. Nous combattons pour notre pays ; eux se sont mis au service d'une idéologie mortifère. C'est une distinction fondamentale.

Sur les théâtres d'opérations, les djihadistes utilisent un surnom pour nous désigner : ils nous appellent « les Croisés », par allusion, en effet, aux croisades menées au Moyen Âge à l'encontre des conquêtes musulmanes, en Terre sainte notamment. Dans toute leur propagande, ils ne disent que rarement « l'armée française ». C'est leur façon à eux de nous diaboliser. Si nous sommes le diable, alors nous ne sommes pas humains. Déshumaniser l'ennemi est une technique psychologique qui permet de le priver du respect que l'on doit à n'importe quel être humain. Si celui qui est en face n'est plus un homme, alors je peux le traiter comme un animal. Une telle conception de l'adversaire n'est pas l'apanage des djihadistes. Dans le camp occidental aussi, certains d'entre nous ne nomment ceux que nous combattons qu'à travers des insultes : ces « bâtards » ou ces « enculés ». La réalité n'est pourtant pas aussi binaire. Pour ma part, j'ai toujours essayé de considérer nos ennemis comme des êtres humains à part entière. Lorsque l'on prépare une mission, l'ennemi n'est qu'une entité théorique. Mais, sur le terrain, on se retrouve face à des individus qui peuvent vous implorer de les épargner.

Je suis un soldat avant tout, avec ce que cela implique. Comme nombre de mes camarades, cela ne m'a pas pour autant empêché de m'interroger sur le sens de notre action militaire et sur le mécanisme de pensée de nos adversaires. J'ai étudié l'islam, les ressorts du djihadisme, et je pense avoir compris ce qui poussait des individus à en devenir adeptes. Ceux qui ont rejoint le djihad ne l'ont fait que pour une unique raison : donner un sens à leur existence. Il s'agit d'un besoin absolu, irrésistible, viscéral. Comment un petit délinquant sans avenir ou un berger du fin fond du désert pourraient-ils résister à la perspective de donner un but à sa vie ? Le djihad coche la plupart des cases, il offre la grandeur et la fraternité, un objectif et un mode d'emploi pour l'atteindre, un idéal auquel ils n'osaient même plus rêver. Personne ne leur avait proposé rien d'autre. Ceux qui pensent pouvoir vaincre le djihadisme par la déradicalisation se battent contre des moulins à vent. Comment déradicaliser des gens qui ont parfaitement conscience de ce qu'ils font ? Les djihadistes sont lucides, ils ont fait un choix : celui de mourir pour un idéal et de donner un sens à leurs souffrances. Des fanatiques leur ont fourni des valeurs, l'estime de soi et une kalachnikov. Ils leur ont montré un chemin, offert une perspective et la possibilité de s'inscrire dans quelque chose qui les dépassait. Toute leur existence est désormais régulée par la charia : ce qu'ils mangent, la manière dont ils s'habillent, leur rapport aux autres, ce en quoi ils doivent croire ou ne pas croire, les raisons pour lesquelles ils doivent vivre ou mourir. Des individus perdus trouvent ainsi des réponses aux questions qu'ils n'ont plus à se poser. Les djihadistes ne se suicident pas par nihilisme, ils se sacrifient au nom de leur idéal. Sans être conscient de cette distinction, il est impossible de comprendre leur schéma de pensée.

Notre groupe n'avait jamais connu de divergences de fond. De légères différences d'appréciation avaient pu survenir de temps à autre, mais aucune qui ne fût capable de faire vaciller notre unité à propos d'une décision importante. Une fois, pourtant, un antagonisme aurait pu laisser des traces. Tout a commencé par une après-midi qui ressemblait à beaucoup d'autres. Je me trouvais avec deux de mes hommes dans le grand bâtiment climatisé du CO, sur une estrade en face d'un mur d'écrans. Sur l'un d'eux, des pixels clignotaient, laissant deviner la forme d'un véhicule.

Celui-ci semblait traverser la zone désertique, qui apparaissait bleutée sur l'image du drone. La lumière blafarde des néons de la pièce sans fenêtres où nous nous trouvions ne laissait pas soupçonner qu'à l'extérieur les températures atteignaient 40 °C à l'ombre. Nous échangions avec nos chefs sur les tentatives d'approche les plus à même de surprendre ceux que nous soupçonnions d'être des ennemis. Le rapport de situation faisait en effet état de plusieurs combattants, regroupés dans une veine de sable au milieu de zones rocheuses. Un oued, donc. Comme souvent, les éléments dont nous disposions étaient très imprécis. « Plusieurs combattants », cela pouvait signifier un effectif allant de trois à vingt, voire davantage. Nous n'en saurons pas plus jusqu'au moment du départ. Après avoir échangé quelques mots avec Guillaume, je retourne avec mes hommes dans nos baraquements, où nous nous équipons pour être en mesure de faire face à n'importe quelle situation. Une demi-heure plus tard, la mission est déclenchée et nous sautons dans nos véhicules pour rejoindre les hélicoptères. Je choisis de laisser quelques munitions et un lance-roquettes en fond de soute, pour nous alléger une fois au sol mais aussi pour les avoir à disposition dans l'hypothèse où la situation tournerait au vinaigre. Notre cible se trouve à plusieurs centaines de kilomètres. Nous transitons vers une première base pour faire le plein des hélicos et récolter les derniers renseignements, avant de redécoller vers notre objectif. Les trajets sont si longs que ces vols finissent par courbaturer le moindre de nos membres. C'est le risque lorsque l'on s'assoupit dans des positions incongrues, écrasés par le poids des équipements, assis sur des boîtes de munitions ou le dos appuyé contre celui d'un camarade. Pour économiser nos postérieurs, j'ai demandé aux équipages de soute de nous dégotter des petits coussins. Bien qu'aguerris, nous ne refusons pas un minimum de confort pour tenir dans la durée ! De jour comme de nuit, nous grimpons toujours dans la soute avec la plus grande précaution afin de ne pas abîmer nos équipements, qu'il s'agisse de nos JVN, de nos armements, les chargeurs, les lunettes ou les silencieux. Ces précautions nous imposent des réflexes de vérification permanents. À chaque embarquement ou débarquement d'un véhicule, je dois m'assurer que j'ai bien avec moi mes deux armes, mes chargeurs, mes radios ou mes équipements de secours. C'est un circuit gestuel au toucher, sans le moindre bruit, qu'effectue presque automatiquement chaque opérateur. Nos équipements sont des merveilles de technologie et d'innovation qui nous permettent d'être plus rapides, plus légers et plus mobiles, tout en nous garantissant une meilleure protection et un plus large spectre d'actions. Ils exigent cependant une véritable discipline dans leur utilisation. Au cours de ma carrière, j'ai été témoin de plusieurs incidents d'équipements, dont celui d'un opérateur qui s'était retrouvé étranglé lors d'une grappe[1] de nuit. Le militaire n'avait pas vu la sangle de son arme se coincer dans la longe qui le reliait à la corde. Au moment du décollage de l'hélicoptère, elle s'était mise en tension et l'opérateur s'est retrouvé strangulé par son arme pendant plusieurs minutes, le temps que le pilote atterrisse. Un autre, plus spectaculaire, s'est produit lors d'une corde lisse sur nos embarcations nautiques rapides. Dans cet exercice, l'hélicoptère se positionne au-dessus de l'embarcation,

1. Un exercice qui consiste à se suspendre en groupe à une corde pour être rapidement extraits d'une zone.

qui navigue à bonne vitesse. C'est un exercice assez périlleux car il faut descendre le long de la corde, sans assurance, depuis la soute vers l'esquif. L'un de mes collègues, qui fut le dernier à descendre, vit l'hélico s'éloigner en emportant la corde. L'opérateur, occupé à vérifier son matériel, n'avait pas eu le temps de détecter que la corde était encore enroulée autour de son pied. Il fut traîné dans l'eau par la jambe sur une centaine de mètres. L'équipage de l'hélicoptère finit par larguer la corde pour sauver le commando. Ce dernier s'en sortit sans dommages, mais il s'était payé une sacrée frayeur.

Le sable du désert défile à toute vitesse sous la carlingue de l'hélico, qui fuse à 260 km/h. Les turbines, en régime de croisière, hurlent en brûlant l'air dans leurs compresseurs incandescents. Certains des gars fixent le paysage par les ouvertures de sabord, d'autres dorment assis contre les cloisons, comme pour prendre de l'avance sur des heures de sommeil qui viendront à manquer après cette nuit qui s'annonce longue. Ma torpeur est interrompue par le grésillement de la radio de bord qui annonce notre arrivée à proximité de la zone. Alors qu'il reste quelques minutes avant la dépose, je me penche au niveau de la porte ouverte : une zone rocheuse s'offre à nous, avec en son sein un oued verdoyant d'environ 400 m de long sur 150 m de large. Encore un oued… Le pilote pose l'appareil sur un coussin de poussière, au sommet d'une pente rocheuse surplombant l'oued. Une fois la poussière et le vacarme des hélices dissipés, j'indique d'un geste à mes hommes la direction générale à suivre. Une Gazelle passe à toute vitesse sur l'objectif et le tireur d'élite, d'un geste adroit, lance une grenade fumigène pour signaler la position ennemie. Le groupe se met à avancer en scrutant le fond de l'oued. Nous sommes face à un cas non conforme : alors que nous nous attendions à une bande de sable dont la fouille serait facile, la zone est en réalité une forêt luxuriante, verte et riche en buissons. Guillaume me confirme que l'ennemi se terre à l'intérieur.

Nous avançons avec précaution vers la lisière tandis qu'une autre Gazelle prend en chasse un ennemi qui fuit de l'autre côté de l'oued. J'ai la sensation d'être face à une multitude de cachettes végétales d'où des combattants pourraient surgir l'arme à la main, comme dans un jeu de fête foraine dont l'objectif est de frapper avec un marteau la tête de personnages dès qu'ils apparaissent dans l'un des trous. À peine quinze minutes après notre arrivée, notre progression est interrompue par un premier échange de tirs, qui me surprend sur ma droite. Les balles se mettent à fuser, claquant dans l'air. Un écran végétal m'empêche de discerner l'origine des tirs. Un genou à terre, tourné en direction des coups de feu, j'attends que l'on me rende compte par radio que tout le groupe va bien. La situation tourne vite à notre avantage : les gars mettent hors de combat deux terroristes cachés dans des taillis, alors que ces derniers cherchaient à changer de position. En me dirigeant vers eux, je distingue au loin des formes inertes dans les buissons. « Deux de moins. » Avertis, plusieurs de mes hommes progressent vers elles avec précaution pour vérifier les corps, prêts à faire feu. La tension bondit de plusieurs crans. Ce n'était que l'avant-garde ; à présent, les autres nous attendent. « On continue d'avancer en ligne, les gars. » Je transmets mes ordres avec une intonation neutre pour faire redescendre la pression. Nous continuons d'avancer, lentement, en observant chaque détail du paysage qui se déploie devant nous. J'entends à la radio que d'autres ennemis se trouvent à proximité, sans doute les formes qui se présentent déjà dans notre champ de vision. Soudain, une nouvelle rafale éclate, tout proche cette fois-ci. Je me retourne : un combattant adverse se tient debout derrière des arbustes. Avant qu'il puisse réagir, je tire plusieurs coups de manière instinctive. L'individu est si proche que je n'ai même pas le temps de prendre ma visée. Cela ne m'empêche pas de l'atteindre de pleine volée. Dès les premières détonations, il s'écroule. Avec plusieurs gars du groupe, nous nous approchons du corps pour vérifier son état : il est mort. Sa neutralisation soulage notre avancée : équipé d'une kalachnikov et d'un lance-roquettes, il aurait pu nous infliger de lourds dégâts…

Nous ne sommes pas sortis d'affaire pour autant : la végétation dissimule sans doute encore de nombreux ennemis. Combien sont-ils ? Où nous attendent-ils ? Ces questions sans réponse se dissipent dans mon esprit pour laisser place à la construction de schémas tactiques. Nous reprenons notre reconnaissance des lieux, marchant sur la pointe des pieds. En arrivant à une dizaine de mètres d'un grand arbre au milieu de l'oued, l'équipe du CPA 10, qui surveillait notre avancée, nous rejoint pour se mêler à la bagarre. À peine parvient-elle à notre hauteur qu'une nouvelle rafale s'abat sur nous. Deux hommes du CPA 10 y échappent de peu. Tout le groupe se plaque au sol. Les tirs proviennent de quelques mètres sur ma gauche. Le claquement des balles soulève le sable devant nos corps allongés. Nous entreprenons des tirs de riposte, bien qu'il nous soit encore impossible de déterminer la position exacte du tireur ennemi. Une seule certitude : il est très proche. Nous tirons sur ce qui nous semble être sa cache la plus probable, derrière un buisson. Après quelques minutes sous un feu nourri, les gars du CPA 10 me demandent de les appuyer pendant qu'ils tentent une avancée. Alors qu'ils franchissent les quelques mètres qui les séparent du grand arbre, nous appliquons des tirs nourris pour assurer le coup. Malgré notre salve, le djihadiste réplique à son tour ! Les gars du CPA 10 se remettent à l'abri tandis que j'organise un jet de grenades sur la position probable du tireur embusqué. La situation prend une tournure inconfortable, qui nous oblige à camper sur notre position alors que l'ennemi reste invisible. Je ne m'attendais pas à une telle résistance. Nous balançons un lot de grenades de 40 mm avec le lance-grenades. Sans effet : notre homme réplique encore. Préférant sécuriser notre position précaire, Maxime, le chef du CPA 10, commande un tir du canon du Tigre. Je lui lance un pouce en l'air, il acquiesce par un hochement de tête. L'hélico fait feu, crevassant l'arbre dans un panache de fumée, puis nous entendons le « flap-flap » de notre ange gardien mécanique qui s'éloigne. Nous attendons un instant : pas de réaction ennemie. Il n'y a qu'une chose à faire : avancer. Je mobilise mon groupe, resté en position pour couvrir les arrières des opérateurs du CPA 10 pendant leur assaut. C'est notre tour à présent de tenter quelque chose. Nous avançons en ligne pour enfin franchir le grand arbre. Silence. Pas de tir. Je scrute les buissons autour de moi. En m'agenouillant pour être plus discret, j'aperçois enfin celui qui nous donnait tant de fil à retordre. Il se trouve dans un buisson épineux qu'il utilisait comme cachette. Il est mort, recroquevillé sur son arme et le corps criblé de balles. Plus tard, trois opérateurs seront nécessaires pour l'extraire de ce guêpier.

À ce stade, nos nerfs sont mis à rude épreuve. Je n'ai jamais vécu une telle intensité de combat, avec un ennemi aussi proche. Pourtant, de manière surprenante, je conserve les idées claires et la tête froide. Les réflexes acquis à l'entraînement prennent le dessus. J'aurai tout le temps plus tard de mesurer le degré de danger auquel nous avons été confrontés, mais pour l'heure la bataille n'est pas finie. Un ou plusieurs adversaires encore non identifiés pourraient se cacher à l'autre bout de notre parcours. Même si les tirs ont pour le moment cessé, l'oued doit être fouillé en intégralité «au cas où». Savoir qu'un combattant pourrait nous attendre l'arme à la main dans n'importe quel bosquet nous maintient dans un état de grande vigilance. En poursuivant notre marche, nous restons sur le qui-vive. Les buissons ne sont espacés que de quelques mètres seulement. Un tel environnement nous est hostile, présentant à chaque instant le risque d'une embuscade imminente, d'une cachette idéale depuis laquelle un ennemi serait en capacité de nous abattre à bout portant. J'encourage mes hommes à tirer sans hésitation des sommations pour anticiper la menace. La zone est isolée, le risque de pertes collatérales civiles est très faible, voire nul. Au fil des minutes, la tension monte à son paroxysme. Plusieurs opérateurs tirent une salve à ma droite, une autre à ma gauche. Il est difficile de savoir s'il ne s'agit que d'un coup de semonce ou de véritables échanges de tirs. Je bondis sur le côté lorsque, sur ma gauche, Tangui tire avec son fusil de précision dans un buisson situé 2 m devant moi. Fausse alerte ! Le Tigre nous annonce à la radio qu'une petite tache de chaleur s'affiche sur l'écran de sa caméra infrarouge, tapie au milieu d'un buisson. «C'est un combattant? lui demandais-je.

— Impossible à dire, répond le pilote. Avec la chaleur, ça pourrait être n'importe quoi.»

Je ne suis qu'à moitié rassuré. Je n'ai pas tort : en passant dans l'ombre d'un arbre de l'oued, je distingue le buisson qui cache probablement de nouveaux tireurs ennemis. Il s'agit du dernier masque de végétation avant une grande étendue bordée de petits arbustes, puis le désert. Nous avons attaqué un groupe djihadiste armé et entraîné. Pour le moment, quatre sont morts et trois autres ont pris la fuite. D'après les nouveaux éléments qui nous sont fournis par radio, il ne doit rester qu'un ultime belligérant. Soit il a fui et se terre en espérant nous échapper, soit il se prépare à son paradis en récitant la prière avant son baroud d'honneur, la chahada. J'ai l'intuition que la seconde option est la plus probable. Depuis notre position, nous sommes trop exposés et le temps manque pour faire intervenir un tir aérien. Notre meilleure stratégie est donc de franchir rapidement la partie du terrain qui nous rend vulnérables. Nous devons bondir jusqu'à la hauteur du buisson suspect et montrer notre ardeur, une fois de plus. Je m'attends à ce qu'une rafale ennemie nous fauche à tout moment. Je crains aussi la détonation d'une ceinture d'explosifs. L'équipe médicale est juste derrière, je sais qu'elle est prête. Nous sommes tous prêts. J'avance encore, côte à côte avec Barnabé et Tangui. Leurs canons claquent tandis que nous faisons le tour du taillis pour terminer notre assaut. Ils viennent de tirer sur la forme cachée dans le buisson. Une arme perce les branchages dans notre direction. Le tireur est bien là. Pourquoi n'a-t-il pas répliqué ? Est-il mort ? Les hypothèses se succèdent dans ma tête pendant un dixième de seconde qui semble durer une minute. Il faut aller jusqu'au bout de l'assaut, nous confronter à ce dernier ennemi, peut-être le plus dangereux de tous car il n'a plus rien à perdre. Tangui et Barnabé se figent, leurs canons restent braqués sur le buisson. Je lâche mon arme et me précipite sur lui : le djihadiste est accroupi dans les feuillages, une mitrailleuse lourde à ses côtés. Se voyant encerclé par des hommes en armes, il lève lentement les mains en l'air. Aussitôt, je le ceinture et le fouille pour m'assurer qu'il ne porte pas de charge explosive. Je vérifie le dos, le ventre, les bras, les jambes… Je pousse un soupir de soulagement en ne trouvant rien. En sortant mes mains de sa djellaba, je m'aperçois qu'elles sont trempées de sang. Je soulève son vêtement : il est blessé au bassin. Après l'avoir examiné de plus près, je remarque qu'il est aussi touché à l'épaule et à la cuisse. Ce djihadiste n'a pas plus de dix-neuf ans. Il a l'allure d'un berger, dans sa djellaba brune et ses espadrilles. Son regard est figé, comme frappé de stupeur. Nous découvrons lors de la fouille que son arme était prête à tirer. Pourquoi n'en avait-il pas fait usage en nous voyant approcher sur les derniers mètres ? Avait-il eu peur ? Savait-il que nous le laisserions sauf s'il n'en faisait pas usage ? Son regard hébété implore la pitié, mais je ne me laisse pas amadouer. J'ai déjà vu certains prisonniers prendre des expressions comparables dans l'espoir d'une indulgence, puis se renfrogner l'instant d'après, jusqu'à devenir agressifs. J'appelle le secouriste par radio pour qu'il vienne jeter un coup d'œil à ses blessures. Le reste de l'équipe part vérifier les abords de la zone et me confirme que tout est sécurisé. J'observe Barnabé et Tangui. Barnabé a d'instinct commencé à soigner notre homme, en manipulant sa jambe, tandis que Tangui capte son attention en lui faisant des signes pour le rassurer. L'homme reste sonné. Il semble évident que son état est grave. Le corps humain contient cinq litres de sang en moyenne. La médecine d'urgence nous a appris trois chiffres pour gérer une hémorragie : la perte d'un litre provoque un évanouissement, deux litres un coma, trois litres la mort. J'estime que pour l'instant notre prisonnier a dû en perdre entre un demi-litre et un litre, c'est donc l'évanouissement qui le guette. Il faut rapidement endiguer l'hémorragie et le « remplir » en le perfusant. Sinon, ce sera l'inconscience, suivie de près du coma puis, inexorablement, de la mort. Une fois la zone sécurisée, j'ordonne à mon secouriste de commencer la médicalisation du blessé. Cet homme va mourir, j'en suis persuadé. Je ne crois pas en ses chances de survie. Les fractures du bassin sont graves, car elles risquent d'endommager l'artère iliaque qui a un gros diamètre et un gros débit de sang. Une telle lésion déclenche une hémorragie interne qu'il est difficile de contenir. La victime est alors condamnée à une mort lente, en se vidant de son sang par l'intérieur de son abdomen. D'autant que nous ne pouvons pas poser de garrot pour limiter l'épanchement, les artères en amont se situant au niveau du tronc. La situation tactique, désormais stabilisée, nous permet de faire notre possible pour le sauver. Nous n'aurions pas pris le temps de lui porter secours si un danger était encore à craindre. Je demande à mes hommes de s'occuper de lui. Je veux qu'ils fassent leur possible, même si cela se solde par un échec. Pour rester digne face à un mourant et afin de préserver nos consciences. Fanch arrive en haletant, suivi de l'infirmier qui s'agenouille près du blessé. L'infirmier déploie toute son habileté pour stabiliser son état mais cela n'empêche pas grand-chose. Les sourcils froncés, Fanch prend l'air préoccupé lorsque je lui explique la situation. Il me réplique : « On le laisse, ce n'est pas le moment de jouer les secouristes ». Je suis étonné par sa réaction : tout est sous contrôle, sans ennemi en vue. Une telle décision n'est pas de son ressort, et je le sais. Je lui réponds fermement, en plantant mon regard dans ses yeux : « Mes gars sont en train de le techniquer[1], je les laisse dessus. » Indifférent à la discussion, l'infirmier continue de traiter les blessures du djihadiste et l'enveloppe d'une ceinture spéciale pour comprimer son abdomen et ralentir l'hémorragie. Guillaume arrive à son tour avec le médecin, qui commence à organiser l'évacuation du blessé. Je les laisse prendre la situation en main. Je relance le groupe sur la fouille de la zone. En chemin, j'apprends que les hélicoptères ont détecté un autre combattant caché dans les herbes hautes. Nous repartons à la chasse. Il s'agit d'un adolescent sans armes que nous capturons en souplesse, sans qu'il n'oppose de résistance. Nous restons sur place jusqu'à la nuit tombée. Le meilleur moment de la journée arrive enfin : le feu d'artifice des camions djihadistes que nous faisons sauter, juste avant la récupération en hélicoptère.

Une fois rentrés au camp, les conversations vont bon train au sein du groupe. À ma grande surprise, le blessé a survécu. Il doit son salut au savoir-faire hors pair de notre équipe médicale. Au fond de moi, je suis heureux de voir cet ennemi survivre, même si cela peut paraître paradoxal pour un soldat. Depuis que j'ai rejoint les forces spéciales, j'ai vu mon lot de corps déchiquetés ou mutilés par les combats. Mes hommes et moi avons tué nombre d'adversaires sans hésitation. Nous avons commandé des frappes aériennes lorsque nos vies étaient en jeu. Je fais mon métier, comme

1. Action d'appliquer un geste technique médical, dans le jargon commando.

nos anciens me l'ont appris, du mieux que je peux, du mieux que mes bras, ma tête et mon cœur me le permettent. La perspective de gagner une bataille me remplit d'excitation, de fierté et de joie. Pourtant, après coup, j'éprouve tout de même une forme de peine pour ces combattants qui partagent mon humble condition humaine, malgré leur corruption par cet islam radical qui leur a fait prendre les armes. C'est pourquoi, ce jour-là, apprendre que cet ennemi, désarmé et blessé, survivrait, fut presque un soulagement à mes yeux. Parce que, même s'il s'agit du camp d'en face, chaque vie humaine épargnée est une petite victoire.

La situation n'en était pas moins complexe : ce blessé avait voulu notre mort et se retrouvait malgré cela dans un lit d'hôpital français, bénéficiant de soins parmi les meilleurs au monde. Cela arrivait souvent, mais dans ce cas le combat avait été tellement rude qu'un tel traitement ne manquait pas de faire grincer des dents et de générer des réactions hostiles parmi mes hommes : « On aurait dû lui mettre une balle dans la tête », « La situation était trop risquée pour le garder vivant », « Le prendre en compte comme blessé était un risque inutile », « Il aurait pu être piégé avec une ceinture d'explosifs ». Je m'attendais à des reproches concernant ma décision de faire soigner ce prisonnier. Mais je ne m'attendais pas à ce qu'ils prennent une telle ampleur. Alors que nous formions un ensemble très soudé habituellement, le groupe se retrouvait cette fois scindé en deux. Même mon adjoint ne partageait pas mon point de vue. Au moment de la capture de cet ennemi, trois options s'étaient offertes à moi : le soigner, le capturer sans lui apporter de soins – ce qui l'aurait condamné à mourir de ses blessures – ou l'abattre pour préserver nos capacités de manœuvre. La première option m'était apparue évidente et je m'efforçais désormais d'en expliquer la raison à mes hommes. Mon argumentation pourrait se résumer en une phrase: nous, Français, avons le devoir d'épargner autant que possible les prisonniers de guerre par honneur et par respect pour la vie. Cette justification ne semblait, hélas, pas audible auprès des plus réfractaires du groupe. Je n'en ai pas voulu à ceux de mes hommes qui n'étaient pas d'accord avec moi. Je comprends très bien leur position. Nous avions échappé de peu à la mort – de très peu pour certains –, et un esprit de vengeance s'imposait naturellement. La volonté d'appliquer la loi du talion devient un réflexe naturel en pareilles circonstances. Il est compréhensible et naturel de souhaiter la mort de l'ennemi lorsque l'on a été plongé au cœur d'une bataille où sa vie et celle de ses compagnons étaient en péril.

Pourtant, malgré l'évidente culpabilité de notre ennemi, je voulais lui manifester un peu de respect. Un respect que lui et les siens n'auraient sans doute pas eu pour nous si les rôles avaient été inversés... C'est cette compassion qui fait la noblesse et la grandeur de notre armée. Nous sommes façonnés par la chevalerie française, pour qui le service est un honneur qui grandit celui qui l'accomplit. Lorsque nous prenons pied sur un champ de bataille, nous portons en nous cette tradition ancestrale. Il aurait été indigne de la souiller. Nous ne sommes pas des mercenaires assoiffés de cadavres.

Je m'en voulais de ne pas réussir à convaincre les gars du groupe. Car il ne s'agissait pas d'un simple litige technique mais d'un véritable choix moral, avec toute la profondeur que cela implique. Je le vivais comme un échec en tant que chef, mais aussi en tant qu'homme. À bout d'arguments, je mis mon orgueil de côté et décidai d'en parler au chef du déploiement. Ce colonel de l'armée de terre possédait un tempérament bien trempé, forgé par des années au sein des régiments parachutistes. Il avait aussi les idées claires et une bienveillance dans son rapport aux autres qui me mettaient en confiance. Je trouvais en lui une forme de commandement que j'appréciais beaucoup : celui d'un homme paisible, mesuré, qui était toujours accessible autour d'une bière en fin de journée, quel que soit le grade de son interlocuteur, mais qui savait aussi taper du poing sur la table et prendre des risques lorsque la situation l'exigeait. Il accepta de bonne grâce d'évoquer le sujet avec mes hommes, au cours d'une entrevue avec le groupe durant laquelle il avait prévu de nous féliciter pour la réussite de l'opération. Après la réunion, au détour d'une conversation, j'entendis mon adjoint affirmer que, finalement, nous avions fait ce qu'il fallait en lui laissant la vie sauve. Son changement d'opinion fut un grand soulagement pour moi tant son avis comptait à mes yeux. Le poids que j'avais dans la poitrine s'était en partie dissipé. Au cours des années qui suivirent, j'ai souvent repensé à la décision que j'avais prise. Je ne l'ai jamais regrettée.

Chapitre 9
Bony

Je n'oublierai aucun de ceux avec qui je suis parti au combat. J'ai le sentiment d'avoir partagé quelque chose de spécial avec les hommes de mon groupe car ce qui nous a unis ne peut s'effacer, quand bien même le temps et la distance nous éloigneraient. Je conserve également le souvenir indélébile de nos frères d'armes des autres unités, à qui nous avons confié nos vies en opération comme ils nous ont confié les leurs. Certains hommes, dont je ne connais que le nom, restent aussi gravés dans ma mémoire. Bony est de ceux-là.

Une après-midi, au retour de leurs vagabondages dans le camp, les tireurs d'élite du 1er RPIMA nous informèrent du départ précipité des hommes du Groupement commando parachutiste (GCP), qui logeaient en face de notre groupe sur la base. Cela nous rendit suspicieux car il était évident que quelque chose se tramait. Cette intuition ne tarda pas à se confirmer. Guillaume me convoqua quelques instants plus tard. La situation était grave : des rangers américains avaient été attaqués lors d'une embuscade alors qu'ils accompagnaient l'armée locale. Les hommes du GCP, qui étaient d'alerte, avaient été envoyés sur place avec le Tigre. Sans en savoir davantage, nous partîmes les rejoindre.

L'alternative était simple : soit nous arrivions à temps pour participer à la bagarre, soit nous serions sur place trop tard et nous donnerions un coup de main pour l'évacuation des blessés. Dans les deux cas, il s'agissait d'une extrême urgence. Nous enfilons nos gilets pare-balles en un éclair et sautons dans les hélicos. Ce sera sans doute le trajet le plus long que j'aie vécu : sept heures de vol avec un ravitaillement en cours de route.

Il nous est impossible de parler entre nous lorsque nous sommes dans la soute : il y a trop de bruit et nos radios sont trop proches pour fonctionner. Pour communiquer avec mes hommes, j'utilise donc un petit tableau blanc, qui me sert aussi à jouer au pendu pour passer le temps lors des retours de missions. À la fin du jour, nous arrivons enfin sur une base de l'armée locale mal entretenue au milieu de la savane. Les bâtiments de briques, surmontés de tôles ondulées, sont davantage squattés qu'habités, au point que les militaires locaux dorment sous des tentes entre les baraquements. À notre sortie de l'hélicoptère, nous nous demandons où nous sommes tombés… Guillaume nous fait le point sur la situation : la zone d'action a été sécurisée par le Tigre, les GCP ont évacué les rescapés et les blessés. Le bilan est de plusieurs morts, dont des soldats américains. L'un d'eux est également porté disparu. Ces nouvelles nous font l'effet d'un coup de massue. C'est la première fois depuis très longtemps que des rangers tombent au combat. Si nos pensées vont avant tout vers nos frères d'armes américains, nous avons du mal à saisir ce qui s'est passé. Comment se sont-ils fait embusquer ? Combien y a-t-il d'ennemis en présence ? Dans mon esprit, faire face à de pareils drames engendre un mélange de compassion et de besoin d'en découdre. Je n'ai jamais perdu d'homme au combat, je ne peux qu'imaginer la douleur ressentie par les familles de ces hommes, engagés loin de chez eux dans un pays gangrené par le terrorisme pour un combat qui les dépasse. Je ressens en revanche parfaitement les sentiments de leurs camarades d'unité qui trépignent à l'idée de rendre à l'ennemi la monnaie de sa pièce.

Une fois que les appareils ont fait le plein de carburant, nous redécollons pour nous poser à quelques centaines de mètres d'une base secrète des États-Unis. C'est de là que nous allons mener la suite des opérations, en coopération avec nos alliés d'outre-Atlantique. Nous passons quelques heures dans le noir à attendre que les Américains viennent nous chercher. Allongés dans l'herbe au pied des hélicos, nos casques et nos gilets posés à nos côtés, nous pressentons que notre présence sur place va s'étirer sur plusieurs jours. Comme d'habitude, nous ne bénéficions d'aucun confort : pas de quoi nous laver ou nous changer. Avec nos paquetages spartiates, nous ne pouvons emporter que le strict nécessaire pour mener les opérations à bien. Deux ou trois opérateurs ont pensé à prendre leur brosse à dents en guise de seul accessoire personnel. De manière spirituelle, quelqu'un suggère que l'on se les partage… L'attente est difficile. En plus de la tension liée à la situation, nous payons la fatigue du long vol. La faim se fait aussi sentir mais cela ne nous pose aucun problème : nous l'avons tous largement expérimentée durant nos stages de survie. Malgré la nuit noire, Sylvain part visiter les huttes d'un village que nous apercevons un peu plus loin. Sur place, contre une poignée de billets locaux, il parvient à négocier des sodas et quelques gâteaux sucrés avec les autochtones. À son retour, nous sommes autant reconnaissants qu'hilares, certains lui suggérant d'ouvrir un commerce dans le coin. C'est à ce moment-là qu'un pick-up blanc de marque Toyota s'arrête à côté des hélicos. Il en sort deux hommes, des agents de la CIA en civil. Ils portent la même tenue que la plupart des militaires en civil : une chemise à carreaux, un jean, des chaussures de sport, une casquette de base-ball et une ceinture dissimulant une arme de poing. Après un échange rapide avec eux, à la lueur de leurs lampes frontales, nous sommes rejoints par le chef des opérations spéciales françaises de la région, qui atterrit en hélicoptère. La conversation reprend avec lui, puis les deux techniciens américains nous guident vers leur base improvisée, constituée d'un ensemble de bâtiments dispersés au bout d'une piste de terre, au milieu d'herbes hautes. Des préfabriqués leur servent de chambres et de salles de loisirs, tandis que des conteneurs maritimes abritent leurs équipements techniques. Un bâtiment plus grand, anciennement délabré, a été sommairement aménagé avec des plaques de bois bon marché pour être utilisé comme centre opérationnel. À ce stade, je ne ressens plus la fatigue. L'adrénaline a pris le dessus. Je marque un temps d'arrêt en entrant dans le bâtiment en plaques de bois où nos interlocuteurs nous ont conduits. Il s'agit d'une petite cuisine, qui sert aussi de garde-manger comme en témoignent les piles de rations de combat qui y sont entreposées. Deux quinquagénaires aux cheveux grisonnants dorment en tenue civile à même le sol, recroquevillés dans une position fœtale. J'apprendrai plus tard qu'il s'agit de deux pilotes d'hélicoptères de la CIA. Probablement épuisés par l'opération du jour, ils s'étaient effondrés sur le plancher en attendant d'être de nouveau sollicités. Je rejoins Guillaume et les Américains dans le CO, qui se situe dans la pièce adjacente. Cette salle est tout aussi minuscule que la cuisine et ne dispose que d'une poignée d'ordinateurs, reliés à une antenne satellite fixée sur le toit. Le mobilier se compose de tables en bois et de quelques chaises en ferraille. Le chef des Américains se prénomme Matthew. Je l'ai déjà rencontré et nous nous entendons bien. Il est petit, avec des yeux perçants et des cheveux gominés coiffés en arrière. Il mâchouille nerveusement un chewing-gum tandis qu'il échange au téléphone avec ses supérieurs, à plusieurs milliers de kilomètres de là. Guillaume et Matthew s'entretiennent ensuite durant un long moment. L'objet de leur discussion est de déterminer comment procéder au plus vite à la récupération de l'Américain disparu. J'apprends que celui-ci est le mécano de l'équipe de rangers. Je transmets sa photo aux gars du groupe avec son nom et son pseudonyme : « Bony ». Un des seniors NCO des rangers (Non Commissionned Officier – un sous-officier gradé), qui a survécu à l'embuscade, est assis à côté de moi pendant que les chefs s'affairent à monter l'opération. Il reste mutique, le regard perdu dans le vide, physiquement et mentalement sonné. Je comprends sa détresse : il vient de perdre trois hommes et un autre manque à l'appel. Cinq soldats autochtones qui les accompagnaient sont également morts et huit sont blessés. Je suis troublé par le contraste entre son physique d'haltérophile – il doit peser 115 kg au bas mot – et ses traits livides. À la tristesse de son regard, je perçois la profondeur de son affliction.

Des renseignements indiquent que le soldat américain disparu pourrait se trouver dans un village à proximité du lieu où s'était déroulée l'embuscade. En accord avec les autorités américaines, Guillaume et le responsable français des opérations décident de retourner sur place. Notre objectif est de fouiller tout le village, maison par maison, pièce par pièce. Je fais un rapide calcul dans ma tête : avec les CPA 10 et les commandos marine, nous sommes environ 25 soldats français, auxquels il faut ajouter une dizaine d'Américains ainsi qu'une poignée d'hélicos d'attaque et de transport. Appuyé sur la table, je demande à l'opérateur de renseignement de me montrer une image satellite du village. Je divise celui-ci en fuseaux, c'est-à-dire en bandes que chaque groupe aurait la responsabilité de fouiller. Mon doigt tapote l'écran tandis que je compte le nombre de maisons : 150.

La perspective d'investir un village ne me rassure pas. La probabilité que celui-ci regorge de combattants ennemis n'est pas anodine. Au cours du siècle dernier, de nombreuses batailles ont fait l'objet d'un minutieux recensement des pertes humaines. Les résultats ont servi à établir des statistiques qui ne possèdent pas de valeur scientifique mais donnent une échelle de difficulté des opérations à mener pour les forces d'infanterie. La prise d'une zone occupée en dehors des villes possède un rapport de 1 pour 3 : une victoire de l'attaquant n'est possible qui si ses effectifs sont au moins trois fois supérieurs au nombre de défenseurs. Pour la prise d'une ville, ce rapport passe à 1 pour 5, voire à 1 pour 10 pour des opérations plus complexes comme la prise de Bagdad par l'armée américaine en 2003. Je consulte le chef de groupe des CPA 10, qui se trouve lui aussi dans le CO : il partage mon inquiétude quant à nos chances de réussite. Le nombre de prisonniers que nous ferions au cours de notre fouille, la consommation de temps et de personnels que cela engendrerait pour les garder et les potentielles prises à partie qui peuvent survenir à tout moment au cours de notre avancée ne me laissent guère optimiste. Sans compter les manœuvres de l'ennemi, facilitées par sa connaissance du terrain. Entre deux briefings, je demande discrètement aux gars du groupe de s'arranger avec l'intendant de la base américaine pour trouver de quoi entraver les prisonniers (car nous n'aurons pas assez de menottes) et de faire le plein de munitions. La mission est inquiétante par le risque de perdre le contrôle, la situation pouvant rapidement dégénérer dans un village aussi étendu. Mais il faut le reconnaître : elle est tout aussi grisante par l'ampleur du défi.

Le chef des opérations françaises donne l'aval de Paris pour l'intervention. Nous pensons alors que notre départ n'est plus qu'une question de minutes. Ce ne sera pas le cas. Matthew raccroche le téléphone à son tour : Washington n'est pas encore prêt à s'engager, les autorités américaines ne donnent pas leur « feu vert ». Ce n'est pas la première fois que nous sommes confrontés à pareil blocage. Les missions peuvent ainsi gonfler et dégonfler rapidement. C'est un jeu de patience pour lequel les nerfs sont mis à rude épreuve.

Une nouvelle information vient bousculer les plans : la balise de détresse de Bony a été repérée à quelques kilomètres de la zone d'embuscade. Les chefs prennent la décision que notre groupe de forces spéciales franco-américaines doit retourner sur le lieu du dernier relevé de la balise pour tenter de retrouver le mécano avant le lever du jour. Matthew accompagnera Guillaume pour mener les recherches.

À minuit, les hélicos sont partis se ravitailler. Nous avons trois heures devant nous avant leur retour. Nous partons en chasse d'un endroit où nous reposer avant le départ. En passant devant les chambres des rangers décédés, nous ressentons une sorte de flottement. Leur matériel n'est pas rangé, les portes sont restées ouvertes, comme si leurs affaires attendaient le retour de leurs propriétaires. Par respect pour leur mémoire, nous nous abstenons de dormir dans les lits des hommes tombés au combat. Nous refermons pudiquement la porte de leur chambre et nous nous entassons à dix sur le sol de la salle télé de 20 m^2. Quelques heures plus tard, après avoir avalé en vitesse un en-cas de rations de combat américaines (bien moins bonnes que nos rations françaises), nous sommes prêts à partir.

Les hélicos nous emmènent au-dessus de la zone d'action, un endroit censé être parsemé de végétation rase et d'arbustes formant des petits bosquets. Je me tiens debout, à la portière de notre oiseau de fer. Une fois arrivé sur place, le spectacle que nous découvrons est saisissant : des kilomètres de flammes ravagent le paysage telle une mer de feu. L'incendie a été provoqué par les balles brûlantes des terroristes ou les tirs du Tigre. La végétation brûle sans discontinuer depuis la veille, formant une ligne de feu qui progresse en dansant. Le liseré rougeoyant repose sur l'horizon noir. Une image de fin du monde. Nous observons le sol avec nos lunettes de vision nocturne à la recherche de Bony. Les hélicoptères tournent en cercle, en gardant un œil les uns sur les autres pour éviter une collision. Après avoir aperçu quelques « rats bleus » – des illusions d'optique, dans notre jargon –, les hélicos se posent près du dernier endroit où la balise du mécano a émis un signal. Ce sont alors de larges taillis qu'il nous faut fouiller méticuleusement, sans savoir si nous cherchons un homme blessé ou mort. Après plusieurs heures infructueuses, le chef des opérations décide de la fin de l'investigation pour cette zone. Il faut nous regrouper, nous organiser, puis relancer les recherches dans d'autres secteurs. Plutôt que de retourner à la petite base américaine, nous partons pour une importante base française, où nous rejoignons tout un contingent américain de forces spéciales, venu d'outre-Atlantique pour l'occasion. Après quelques heures de repos, les préparations de la mission reprennent. La perspective d'une fouille rurale est de nouveau envisagée, mais dans un autre village, de taille plus modeste que celui dont il était question la veille. Cette fois encore, nous aurions plusieurs dizaines de maisons à fouiller, appuyés par les hélicoptères. Je suis en partie rassuré par ce soutien aérien, tout en sachant que leurs actions seront plus limitées qu'en terrain ouvert. En effet, les hélicoptères sont très vulnérables dans les environnements urbains, car ils peuvent facilement être pris à partie par des tirs depuis une petite fenêtre ou un coin d'ombre d'une maison. En plus de ces renforts, les rangers qui ont survécu à l'embuscade participeront eux aussi à la mission. Je m'en réjouis : leur attitude est aussi exemplaire qu'édifiante.

Le colonel américain décrit l'opération devant un parterre de rangers, de navy seals, de CPA 10 et de commandos marine, dans une grande salle de la base française que nous venons de rejoindre. À la fin du briefing, il demande la bénédiction de l'aumônier, qui la donne dans une grande solennité. La mission s'annonce ardue, toute aide est la bienvenue. Je plisse les yeux au moment du décollage de l'hélicoptère. Le soleil est déjà haut malgré l'heure matinale. Le paysage est toujours constitué de cette terre ocre qui semble nous poursuivre partout où nous traînons nos guêtres. Nous faisons route en formation serrée avec les autres hélicos au milieu des roches usées par le soleil. Plusieurs heures de vol nous séparent encore du village que nous devons reconnaître. Par la radio de bord, j'entends des bribes de conversation entre les pilotes. Nous modifions notre destination, comme cela arrive souvent en cours de route. « La mission a changé, me précisent-ils. Les Américains ont informé Guillaume qu'un de leur agent connaît le lieu où se trouve le mécano.

— Est-ce qu'on en sait plus ?

— Pas pour l'instant. Nous arriverons au point de ravitaillement dans une heure. Peut-être qu'on en apprendra davantage là-bas. »

Le ravitaillement a lieu dans une étendue rocheuse, au bord d'une ravine, sans habitations à portée de vue. Il est environ midi quand nous y atterrissons. Un camion-citerne et quelques militaires américains en pick-up nous attendent. Ils ont dressé des toiles ajourées entre les véhicules pour nous offrir un peu d'ombre. Matthew nous annonce que la zone visée n'est plus très loin et qu'ils attendent la confirmation pour la récupération de Bony. Nous sommes tous enthousiastes et impatients de récupérer le survivant. Nous sommes près du but, il va pouvoir rentrer chez lui et retrouver ses proches, après cette épouvantable aventure où il a vu ses collègues mourir sous les tirs ennemis. Lui aura réussi à survivre à la traque des djihadistes, assoiffés de vengeance et d'illusions. Nous attendons le départ en buvant un peu d'eau de nos bouteilles en plastique quand Matthew revient nous voir. Derrière lui, j'aperçois deux rangers qui se prennent dans les bras. Je comprends que quelque chose ne va pas. Matthew retire ses lunettes fumées. Des larmes coulent le long de ses joues. Son visage buriné par des années d'opérations dans le désert est empli de détresse. « Notre camarade est mort, dit-il d'une voix cassée. Nous partons chercher son corps auprès des habitants locaux qui l'ont repéré. Je suis désolé, les gars, excusez-moi… » Ne parvenant pas à finir sa phrase, il s'éloigne la tête basse. Mes hommes et moi restons plantés là, en demi-cercle, sans échanger un mot. Peu après, nous remontons dans les hélicos, le cœur lourd, pour protéger le détachement américain qui ira récupérer le corps. J'observe la scène depuis la portière de l'appareil. Ma gorge se serre lorsque je vois quatre soldats américains installer la dépouille de Bony sur un brancard avant de le recouvrir du drapeau étoilé. Avec une infinie délicatesse, ils soulèvent le brancard pour l'emmener dans l'hélicoptère. Le convoi, devenu procession funéraire, s'ébranle dans le désert et s'envole vers d'autres cieux.

Chapitre 10
La vie dans le camp

Dans le cadre de nos mandats à l'étranger, nous étions souvent en relation avec des soldats américains: des marines, des rangers ou des membres des forces spéciales de l'armée de l'air. Je discutais aussi de temps à autre avec des hommes de la CIA, notamment des traducteurs avec lesquels je m'entendais très bien. Les Américains sont toujours bluffés lorsqu'ils se retrouvent avec des soldats français qui parlent leur langue, alors que l'immense majorité d'entre eux ne connaissent pas un mot de la nôtre. La plupart du temps, l'entente avec eux est très cordiale. Il existe tout de même un point de divergence: nous n'avons pas du tout les mêmes comportements en territoire étranger. Les Français ont tendance à souvent sortir en ville, tandis que les Américains restent confinés dans leur base, presque en vase clos. J'ai toujours pensé que ce devait être notre côté latin! J'ai connu un soldat US qui n'est sorti qu'une seule fois hors de son campement lors d'une mission de six mois. Leurs bases ressemblent à des bunkers, alors que les nôtres sont plus ouvertes aux populations locales. Un exemple emblématique: une base américaine dispose de cinq postes de contrôle pour y pénétrer, contre deux seulement pour une base française. Un jour par semaine, les marchands artisanaux peuvent venir dans nos campements pour vendre leurs produits. Nous mangeons la nourriture locale, alors que les Américains n'ingurgitent rien qui ne sorte de leurs rations ou de leurs immenses cantines militaires. Ils se préservent ainsi des intoxications alimentaires, que tous les soldats tricolores connaissent un jour ou l'autre... Les infrastructures médicales de l'armée française sont aussi en partie ouvertes aux locaux. Au Mali, notre base de Gao dispose d'un hôpital militaire doté d'un appareil IRM[1] d'une valeur de 3 millions d'euros, une technologie de pointe extrêmement rare dans cette région de l'Afrique. Toute la journée, des consultations sont ouvertes pour les civils maliens. Les militaires blessés sont pris en priorité, mais, le reste du temps, les autochtones ont porte ouverte. L'hôpital se transforme en une sorte de cour des Miracles, avec une salle d'attente bondée d'éclopés en tout genre que le personnel de santé soigne avec la plus grande attention. Les autres établissements médicaux étrangers sur le sol africain ne fonctionnent pas de la même façon. Un simple coup d'œil suffit pour s'en rendre compte. À Tombouctou, un hôpital suédois de l'OTAN semble en permanence flambant neuf tant il est propre dans ses moindres recoins. Et pour cause : il n'accueille jamais personne. Dans une autre ville, l'hôpital français est toujours sale à force de recevoir la foule du Tiers Monde. Agir de la sorte a aussi un effet bénéfique pour notre armée : à force de traiter des civils estropiés par des mines ou des accidents, notre personnel médical entretient en permanence ses compétences.

1. Imagerie par résonance magnétique.

Le jour où j'ai dit à un analyste de la CIA que les autochtones avaient quasi porte ouverte dans notre camp, il n'en est pas revenu : « Tu veux dire qu'au moment où nous parlons ils sont sur la base ? Mais vous êtes fous ! » Dans une pure logique militaire, il est difficile de lui donner tort : ouvrir ainsi notre camp nous fait prendre le risque qu'un terroriste se glisse parmi les blessés pour commettre un attentat. Cela n'a, pour l'heure, jamais eu lieu. Je n'ai pas assisté à des réactions hostiles de civils contre des militaires français lors de mes mandats. À une exception près : un jour, l'un de nos bus a été attaqué à la grenade sur le chemin de l'aéroport par des djihadistes dissimulés parmi la population.

Chaque fois que j'ai participé à des opérations avec des militaires américains, je n'ai pu que constater que leur relation avec les autochtones était fort différente de la nôtre. Je m'en suis rendu compte lors d'une de mes premières missions dans une ville africaine. Je circulais alors avec un autre commando marine et deux soldats US en voiture banalisée pour une mission d'espionnage technique. J'ai été frappé par leur attitude parfois condescendante et leur façon de parler du pays où nous opérions. Par la suite, je l'ai ressenti partout où je suis allé en mission avec eux.

Lorsque nous sommes envoyés pour un mandat de plusieurs mois à l'étranger, nous partageons notre temps entre les opérations et les périodes de récupération durant lesquelles nous pouvons être appelés à intervenir en urgence à tout moment. Cette période d'alerte peut s'étaler sur plusieurs jours sans aucune intervention. L'oisiveté étant mère de tous les vices, comme dit le proverbe, il est hors de question que les hommes passent une journée entière à se tourner les pouces, à l'exception du dimanche. Je veille à ce qu'ils puissent faire leur séance quotidienne de sport, des séances de tir ou des exercices de mises en situation, de préférence le matin ou en fin d'après-midi quand les températures sont les plus clémentes. Je pouvais aussi compter sur un adjoint plein d'initiatives pour élaborer des moments plus ludiques. Lors d'une autre mission, il y avait chaque soir une veillée pendant laquelle les membres des groupes devaient effectuer une présentation sur un ton humoristique avec des déguisements toujours inventifs : j'ai ainsi vu passer tour à tour un Vercingétorix tombé dans une marmite de vin rouge, un stripteaseur qui s'effeuillait sans demander son reste, ou Jésus Christ revêtu d'un gilet jaune… Les soirées pizza étaient parfois animées d'un karaoké. Nous pouvions aussi organiser des concours de pétanque, en utilisant un carré de terre encadré par quatre planches chinées dans le camp. Je me souviens d'une fois où deux de mes hommes, originaires de la Côte d'Azur, s'étaient fait un devoir de battre tous les binômes issus des autres forces spéciales. Mon adjoint et moi avions été éliminés dès les premiers tours, malgré les menaces de bulletins de sanctions…

Nous comblions le reste du temps par de la lecture, ou le visionnage de séries et de films. Le soir, beaucoup font de la course à pied autour de la base ou du renforcement musculaire. Certains développent presque une addiction à la course à pied ou au CrossFit, un jeu d'alternance entre l'haltérophilie et la gymnastique. Pour ma part, je lisais beaucoup lorsque je n'étais pas à la salle de gym, surtout des livres d'histoire ou de philosophie. Je suivais aussi l'actualité ou je visionnais des vidéos de menuiserie et de mécanique. Nous dînions toujours en groupe complet le midi, c'était notre rituel. La nourriture est généralement bonne dans les camps. Les adjudants qui gèrent l'intendance se débrouillent toujours pour obtenir des repas améliorés le jeudi et le dimanche soir, et même des viennoiseries le dimanche matin. Lorsque de beaux filets de bœuf nous parvenaient, les commandos originaires des îles du Pacifique nous faisaient le plaisir de préparer des marinades au vinaigre balsamique, aromatisées au miel et à l'ail, qui embaumaient les travées entre les tentes.

Malgré ces moments conviviaux, nous pouvions être rappelés à tout moment à la réalité militaire. C'est ce qui nous est arrivés lors d'une nuit que nous pensions paisible. À peine nous sommes-nous endormis que des tirs éclatent autour de nous. Au premier abord, nous pensons qu'il s'agit d'un exercice d'artillerie, comme il s'en produit parfois au départ du camp. Il est vrai que le déclenchement du calibre 155 mm des pièces « César » résonne sur toute l'emprise et vibre dans le sol. Le bruit que nous entendons à ce moment-là y ressemblait tellement que nous sommes d'abord restés au lit sans bouger. Mais lorsqu'un obus tombe à 200 m de notre tente, nous comprenons que ce n'est pas un exercice, l'ensemble du groupe se lève alors en sursaut. En cas d'attaque, la procédure nous impose de gagner l'abri antimortier le plus proche dès le premier impact, dès lors que pareils tirs ne sont jamais isolés et frappent en cascade. Les premiers tirs servent à ajuster les suivants, ce qui les rend théoriquement de plus en plus dangereux. Sans réfléchir, je me suis d'abord saisi de mon fusil et je me suis rué vers la sortie dans ma tenue de nuit, c'est-à-dire nu comme un ver. Je me suis ravisé au dernier moment et j'ai pris quelques secondes pour enfiler un pantalon. En arrivant dans le tunnel couvert de sacs de sable qui mène à l'abri, j'observe les autres soldats autour de moi. Certains portent leur tenue de combat quasi complète, tandis que d'autres sont en caleçon, gilet pare-balles et casque lourd. Malgré le danger, l'aspect cocasse de la situation me fait sourire. J'imagine l'avalanche de moqueries que j'aurais endurées si je n'avais pas pris le temps d'enfiler mon futal. Je serais sans doute devenu la risée du camp pour un bout de temps ! Les hélicoptères Tigre, dont les équipages étaient d'alerte, décollent en quelques minutes entre deux tirs de mortier. Ils partent à la chasse. Certains commandos sont montés sur les murs d'enceinte de l'abri, avec des jumelles pour observer ce qui se passe en face. Il ne faut jamais rater une occasion d'en découdre si elle se présente ! Une demi-douzaine d'obus chutèrent sur notre camp, sans faire de blessés graves mais en pulvérisant plusieurs de nos structures. Les obus les plus proches ne sont tombés qu'à une centaine de mètres de nos lits… Nous découvrirons plus tard qu'il s'agissait d'un tir de représailles à une opération que nous avions menée quelques jours plus tôt. L'ennemi rôdait en attendant le bon moment pour se venger. D'autres commandos marine avaient essuyé des tirs de mortier quelques mois auparavant. Un obus était tombé juste à côté de leur tente. Ils en étaient tous sortis indemnes, mais avec quelques traumatismes sonores. Au sein des autres unités, un obus s'était même écrasé sur le lit d'un soldat, qui venait de sortir de sa tente un instant auparavant pour fumer une cigarette au milieu de la nuit.

Fumer lui avait sauvé la vie !

Chapitre 11
Paris-Dakar

Comme souvent, mon adjoint et moi n'avions été prévenus de la mission que quelques instants avant de décoller. Guillaume et Fanch nous avaient dressé le tableau : nous devions capturer un terroriste que nous recherchions depuis deux semaines. Un membre du renseignement nous avait indiqué qu'il avait été repéré en train de se déplacer en pick-up à quelques encablures de notre base. Il était enfin à notre portée, alors les chefs ont décidé de nous envoyer l'intercepter.

La routine se met en marche automatiquement : gilet pare-balles, casque, arme, essais radio. Une heure plus tard, nous voilà survolant un véhicule susceptible d'être celui de notre homme. Notre approche est couverte par le Tigre, notre éternel ange gardien. La zone est constituée d'une grande bande de sable lisse, parfaitement nivelée. La Gazelle avait choisi d'intercepter le véhicule entre deux patelins distants de plusieurs kilomètres. L'appareil se pose en travers du chemin du pick-up et un tireur d'élite à bord dissuade les passagers de toute initiative hasardeuse. Son fusil semi-automatique anti-véhicule de calibre 12,7 mm est le meilleur argument pour ce genre de négociations… Une fois posés à une centaine de mètres, nous nous déployons vers le pick-up arrêté et ses passagers. Devant nos sommations, celui que nous avons identifié comme le terroriste se rend. Je ne vois pas d'armes sur lui, ni sur ses trois compagnons de route. Leur véhicule transporte deux motos dans sa benne. Notre homme est un Touareg typique : grand, le teint mat, le visage couvert d'un chèche bleu fait du même tissu que sa longue djellaba. Il s'assoit sur le sol à notre approche. Les autres passagers sont des Noirs aux traits caractéristiques de l'Afrique centrale. Ils sont vêtus simplement, avec des chandails et des pantalons en toile de coton de couleur terne. L'un d'eux possède des papiers d'étudiant. En arrivant à leur hauteur, je m'adresse au Touareg : « Nous sommes des militaires de l'armée française, quel est ton nom ? » Il me répond en me donnant le nom exact qui est indiqué sur sa carte d'identité. C'est aussi le nom de l'homme que je cherche et son faciès correspond en tout point au descriptif que l'on m'en a fait.

J'en suis presque étonné : les identifications sont rarement aussi faciles et demandent souvent d'être confirmées par la suite. La norme était plutôt que les hommes que nous recherchions nous présentent des faux papiers, ne disposent d'aucun document qui nous permette de les identifier ou nous indiquent un patronyme approximatif ou fictif. Nous devions alors nous lancer dans un laborieux travail de vérification pour être certains que l'individu interpellé était bien celui ciblé, ce qui pouvait prendre des semaines. Dans le cas présent, c'était un carton plein. Je m'éloigne pour annoncer à Guillaume la bonne nouvelle. Ce dernier est resté à quelques dizaines de mètres en arrière-plan, à l'abri du seul arbre à la ronde. Il transmet l'information aux chefs puis se tourne vers moi :

« Que penses-tu des autres qui sont avec lui ?

— L'un d'eux est probablement un étudiant, répondis-je. Les autres ne sont pas de son ethnie, je pense qu'ils n'ont rien à voir avec lui. »

Mon intuition n'est pas fondée sur rien. Dans le désert, les ethnies sont très marquées et chacun de ses membres est attaché à protéger son clan des autres. Il existe une véritable défiance entre certaines ethnies, qui peut aller jusqu'à la haine viscérale. Cela n'empêche pas une forme de solidarité entre les gens du désert, au même titre que celle qui unit les gens de mer. Il est donc plausible que des membres d'ethnies qui ne se supportent pas au quotidien partagent l'un des rares moyens de locomotion qui sillonnent le désert pour quelques heures, voire quelques jours. Dans le doute, Guillaume préfère ramener les autres passagers à la base pour les interroger. De mon côté, j'organise le départ du groupe après avoir pris les photos des pièces à conviction. Le pick-up étant indemne, deux choix s'offrent à nous : le détruire sur place ou le ramener au camp. La première option est expéditive et nous assure que le véhicule ne sera pas de nouveau utilisé pour une entreprise néfaste. La seconde permet de fouiller le véhicule plus en profondeur mais présente un inconvénient majeur : elle impose de traverser une zone désertique hostile pendant plusieurs heures, sans autre véhicule pour nous escorter. En effet, nous ne disposons sur place que des hélicoptères et ceux-ci doivent refaire le plein rapidement. Après que j'eus effectué mes comptes rendus, Guillaume me demande, entre deux échanges radio : « Dans quel état est le véhicule ? » Du tac-au-tac, je réponds en esquissant un large sourire : « Il tourne comme une horloge suisse. » Ma réponse semble le satisfaire : « Alors tu prends deux gars avec toi et tu le ramènes. Le Tigre restera au-dessus de toi. Il te guidera, puis il sera relayé lorsqu'il n'aura plus de coco. » J'acquiesce puis je distribue les ordres auprès du groupe : Barnabé et Simon montent avec moi ; les autres, sous la responsabilité de Luc, ramènent les prisonniers, et une des deux motos saisies, par hélicoptère. L'instant suivant, je grimpe à la « place du mort » dans le véhicule. En dépit du risque, un magnifique raid automobile nous tend ses bras… Barnabé fait ronfler le moteur tandis que Simon se cale tant bien que mal dans la benne. Une position qui se révèle fort peu confortable avec ses équipements dans le dos, la radio satellitaire contre sa cuisse et son arme entre les jambes. Nous avons juché la seconde moto à ses côtés dans la benne, en la sanglant avec des cordages de fortune que nous avons trouvés parmi le matériel saisi. La bécane ne manquera évidemment pas de lui tomber dessus à chaque secousse… Malgré l'inconfort du trajet, Simon endurera la situation avec le sourire.

Cette partie improvisée de la mission est exaltante mais présente tout de même un risque en cas de mauvaises rencontres. C'est pour cette raison que nous préférons emprunter uniquement des petits chemins et des axes secondaires, qui nous permettent d'éviter les importants flux de véhicules susceptibles de dissimuler des ennemis. La présence du Tigre est un parfait sauf-conduit : comme il l'a déjà démontré maintes fois, il est imbattable sur pareil terrain pour assurer notre protection. Et si nous devions tomber en panne d'essence, nous serions récupérés par un autre hélico, après avoir mis le 4×4 en orbite à coups d'explosifs.

En roulant dans le désert, j'ai la sensation de concourir à une étape du Paris-Dakar, les sponsors et l'équipe technique en moins. Il ne manquerait plus que le Tigre nous filme avec un commentaire sportif en fond pour parfaire le tableau. Les petits chemins creux que nous indique l'hélicoptère nous contraignent souvent à appuyer sur le frein. Mais, dès qu'une longue bande plane se présente, nous prenons un maximum de vitesse pour atteindre la base avant la nuit. La sensation est grisante ! Dès que nous ralentissons devant des obstacles, les pilotes du Tigre nous raillent à la radio, avant de réaliser des pirouettes dans le ciel bleu azur.

Plus tard, lorsqu'il faut soudainement dévier de la route pour éviter un convoi de véhicules venant en sens inverse, les turbines de l'hélico se mettent à hurler en descendant pour nous guider de plus près. L'engin reste alors 20 m devant nous, en basse altitude, tel un prédateur avançant doucement dans les herbes hautes vers sa proie. Une fois le Tigre à court de carburant, une Gazelle prend comme prévu le relais du guidage. Elle nous escorte jusqu'à l'entrée de la ville qui jouxte le camp français. Le dernier pan de la cité que nous devons traverser comporte le quartier musulman, lieu de vie privilégié des potentiels complices des groupes terroristes de la région. Mon soulagement de terminer la mission se teinte d'une légère inquiétude. Dans le quartier, nous sommes contraints d'emprunter un chemin de terre en très mauvais état. Sur notre passage, nombre d'habitants nous dévisagent. Les femmes voilées attrapent leur enfant par le bras lorsque notre véhicule s'engage à leur proximité. Elles nous fixent avec un mélange de curiosité et de méfiance. En cette zone musulmane, le spectacle d'un véhicule conduit par des barbus blancs en tenue de combat ne passe pas inaperçu, surtout si un hélicoptère plane quelques mètres au-dessus. La Gazelle nous fait prendre plusieurs chicanes, avant de rejoindre les abords du camp. Les pilotes nous adressent un salut au moment de nous quitter pour aller se poser.

Au moment de passer l'entrée, un doute m'assaille : les sentinelles ne vont-elles pas nous confondre avec des ennemis ? Après tout, nous roulons dans un 4×4, le modèle le plus utilisé par les djihadistes de la région. Et nous n'arborons pas non plus un accoutrement classique : avec nos bandeaux sur le front pour éponger la sueur, nos barbes fournies et nos tenues dépareillées, le risque d'être pris pour ce que nous ne sommes pas ne pouvait être écarté. Guillaume avait beau avoir sans doute prévenu de notre arrivée, nous n'étions pas à l'abri d'un raté dans la transmission du message. D'autant que la base compte beaucoup de personnes et que nous n'avions jamais emprunté l'entrée vers laquelle nous nous dirigions.

En arrivant au premier point de filtrage, les gardes locaux se décomposent en nous voyant. Celui qui se trouve dans le poste de contrôle braque son regard sur nous dans un sursaut et manipule nerveusement sa kalachnikov, tandis que son collègue plonge dans sa guérite à notre approche pour échapper à notre regard. Un autre garde finit par s'approcher de notre véhicule, son arme en main. Une fois à notre hauteur, sa méfiance s'estompe à mesure qu'il nous identifie comme des alliés.

« Nous rentrons de patrouille, lui dis-je sans autre précision en lui offrant mon sourire le plus diplomatique.

— Vous êtes les forces spéciales, c'est ça ? réplique-t-il avec enthousiasme.

— Euh… oui, voilà ! », répondis-je d'un air malicieux, sachant qu'il était difficile de prétendre le contraire.

— Bon… allez-y », lâcha-t-il enfin.

Nous franchissons les autres points de contrôle sans encombre, tandis que Barnabé et moi éclatons de rire en imitant la scène qui venait de se produire. Guillaume et le reste du groupe nous attendaient juste après l'entrée pour nous accompagner vers notre zone de vie, où nous troquions nos guenilles poussiéreuses contre une bière tiède.

Chapitre 12
La colline

La fraternité entre soldats est une notion essentielle. Dans un autre contexte que l'armée, je n'aurais sans doute jamais sympathisé avec la plupart des hommes de mon unité. Pourtant, un lien indéfectible nous lie désormais. Nous possédons certes des traits communs, comme la débrouillardise, la soif de vaincre, la capacité de résilience ou le goût de l'aventure ; mais nous étions issus d'horizons différents et nos personnalités étaient parfois à l'opposé. C'est la lutte contre l'adversité qui a forgé notre identité commune. Nous avons connu des sacrifices, des souffrances, des déceptions. Nous avons partagé des émotions aussi intenses que de l'adrénaline en intraveineuse, la volonté d'aller au bout de nous-mêmes et le refus de la défaite. Nous avons vécu un quotidien identique, la vie de camp et le même manque en pensant à nos proches. Nous avons connu des moments forts qui auront du mal à s'estomper. Il est probable, à l'instar de nos aînés et de leurs souvenirs indélébiles, que ce qui nous a uni perdurera, quoi que nous réserve la vie.

Sur le terrain, nous existons en tant que groupe, formant une seule et même entité. Dès qu'un homme du groupe entreprend quelque chose, il sait que les autres veillent sur lui. Notre confiance les uns envers les autres est sans faille. Sans cette confiance, une mission ne peut réussir. Lorsque nous ne sommes pas en intervention, la cohésion perdure. Nous agissons *pour* le groupe dans le moindre de nos gestes. Celui qui va chercher quelque chose à manger ou à boire en prend pour tout le monde, pas seulement pour lui. C'est de l'ordre de l'instinct.

Une cohésion pousse à s'oublier soi-même. La veille d'une opération, un camarade avait souffert d'une grave infection. Il était livide. L'infirmier avait voulu le faire hospitaliser mais il avait refusé, arguant qu'il partirait en mission avec le reste du groupe coûte que coûte. Il avait fini par dire à l'infirmier : « Donne-moi tout ce que tu as pour soulager la douleur et ça va le faire. » L'infirmier lui a injecté sous forme de perfusion un cocktail d'antidouleurs, d'anti-inflammatoires et de dopants, et il était monté en soutien dans l'hélico. Il était physiquement au fond du trou, mais il était inconcevable à ses yeux de laisser tomber ses collègues – ou, plutôt, ses amis.

Pour un commando, il n'est guère aisé de retourner dans la vie civile du fait que cet esprit de corps est difficile à retrouver dans le monde civil. Certains tombent de très haut et beaucoup décident de revenir vers l'armée comme réservistes. Cet esprit de cohésion leur manque souvent. Je pense tout de même que des professions difficiles, à l'image de certains ouvriers, soignants ou artisans, peuvent ressentir quelque chose de similaire. J'ai la conviction qu'un environnement hostile pousse à se serrer les coudes. L'homme a toujours su faire jaillir cet esprit collectif pour lui permettre de progresser et de survivre.

C'était une mission comme les autres. L'hélico nous a déposés de nuit après plusieurs heures de vol. À présent, nous avançons en ligne, sous la pleine lune dans un ciel sans nuages, au milieu d'une étendue de sable et de roche. Seuls quelques reliefs noirs marquent l'horizon. Nous progressons vers un campement familial niché dans un creux de sable et composé de plusieurs grandes tentes. Arrivé aux abords, je fais stopper le groupe. Nous devons couvrir le flanc droit du groupe du CPA 10, chargé de capturer deux terroristes à moto dont nous avions suivi la trace en fin d'après-midi et qui ont désormais installé leur bivouac à proximité de ces tentes. Dans un premier temps, les commandos de l'armée de l'air ne trouvent aucune arme, mais leur flair les pousse à fouiller les abords. Bonne pioche : en examinant le sable retourné au pied d'un buisson, un opérateur creuse quelques centimètres avec ses mains et tombe sur deux kalachnikovs. Ses collègues dénichent ensuite une radio dans un fourré quelques dizaines de mètres plus loin.

À notre tour, nous fouillons les tentes et vérifions les identités des habitants pour nous assurer qu'il ne s'agit pas de soutiens des djihadistes. La fouille prend du temps, il y a une dizaine d'adultes et autant d'enfants. Les opérateurs attachent les hommes avec des menottes le temps de nos investigations et nous laissons sous surveillance les enfants auprès des femmes. Debout à côté d'une tente, je rends compte de la situation à Guillaume par radio. La situation est calme et sous contrôle. Charles, debout à côté de moi, pose sa main sur mon bras et fait un mouvement de la tête en direction de l'un des prisonniers. Habituellement, quelle que soit l'heure du jour ou de la nuit, les prisonniers se montrent préoccupés par le sort de leur famille et font preuve d'une certaine nervosité. Nous les rassurons alors en leur montrant que celles-ci sont bien traitées, ce qui les calme le plus souvent. Mais, cette fois, le prisonnier que me désigne Charles fait preuve d'un comportement bien différent. Alors qu'il est censé être un père de famille, il ne semble inquiet ni pour sa femme ni pour ses enfants. Au contraire : il s'est endormi par terre avec les mains menottées. À 3 heures du matin, sa somnolence pourrait être compréhensible. Mais c'est sa position presque comique qui a poussé Charles à attirer mon intention : l'individu est affalé, les genoux à terre, la tête dans le sable, les fesses en l'air et les mains dans le dos, tout en dormant d'un profond sommeil. L'image du fier berger solitaire en prend un coup… Après quelques heures passées à rechercher des indices, Guillaume nous oriente vers notre véritable objectif : une immense colline composée de roches de grande taille. C'est de cette zone que les deux terroristes se sont échappés durant l'après-midi, et nous soupçonnons qu'il s'agisse d'une immense cache d'armes ou de matériels logistiques. Un individu a été observé assis dans l'ombre de deux rochers au moment du départ du binôme à moto.

Notre hélico survole la colline et entame des ronds autour de son sommet. Le drone illumine la probable position de la cache d'armes. Aucun signe de vie. Avec le bruit de notre arrivée, l'individu que nous avions repéré a dû se terrer au fond de son trou ou prendre la poudre d'escampette. Après avoir été transportés en hélicoptère, nous débarquons au pied du mont. La lune est un disque blanc éclatant dans le ciel nocturne, nous voyons comme en plein jour. À l'approche du relief, nous libérons le chien de recherche. Le berger malinois se faufile entre les rochers, tout excité et reniflant partout. Il revient bredouille. Nous restons sur nos gardes : quelques années auparavant, un groupe de commandos marine avait été pris à partie dans le même genre d'environnement. Une poignée de djihadistes déterminés avait réussi à les tenir en échec pendant des heures. En étudiant leur retour d'expérience, j'avais appris que des gros rochers arrondis, posés les uns contre les autres, avaient joué en faveur de l'ennemi : ils formaient une forteresse naturelle qui avait protégé les djihadistes des grenades. Face à pareil relief, les angles de tir se révèlent en effet très limités, il faut être pile en face du trou pour neutraliser un ennemi qui s'y cache. Sans oublier que l'escalade de chaque rocher mobilisait les bras et les jambes, ce qui empêche les commandos de se servir de leur arme en cas d'attaque surprise. Un des hommes s'était ainsi retrouvé nez à nez avec le canon de la kalachnikov d'un djihadiste caché sous un rocher. Il avait reculé sa tête en un éclair, un geste instinctif qui lui avait sauvé la vie, mais son visage avait tout de même été brûlé par les flammes du canon de l'arme ennemie.

Je conserve ces informations à l'esprit en m'engageant sur les premiers rochers. Durant l'escalade, je dois accrocher mon fusil dans le dos, ne conservant à portée de main que mon arme de poing. Je ne suis pas très à l'aise à l'idée de ne pouvoir compter que sur mon pistolet si un ennemi surgissait au cours de la montée. Un petit calibre ne permet pas de tirer très loin et ses capacités de neutralisation sont faibles. En opération, j'utilise toujours mon fusil, l'arme de poing n'étant qu'un équipement de secours. Mais, cette fois, nous n'avons guère le choix : conserver notre fusil en bandoulière handicaperait trop notre capacité d'escalade. Même les tireurs d'élite sont contraints de laisser leurs armes de précision.

Notre groupe dispose de deux mitrailleuses légères, dont les munitions sont réparties parmi les hommes. Ces mitrailleuses possèdent une cadence de tir très importante mais s'avèrent très consommatrices en munitions. Leur effet est dévastateur et nous offre, la plupart du temps, la supériorité du feu sur l'ennemi. Elles constituent un atout essentiel dans un combat. Cependant, malgré ma prédilection pour les armes de cette puissance, je choisis souvent une autre méthode pour prendre l'ascendant sur l'ennemi : les tireurs d'élite. Ils sont deux dans le groupe. Chacun peut être équipé d'un fusil d'assaut, ou de fusils de tir longue distance, calibrés en 7,62 mm avec un canon court. Avec ce dernier, ils utilisent les mêmes munitions que celles d'une mitrailleuse collective, mais en consommant moins car les tirs sont plus ajustés. Pour les mêmes dégâts qu'une mitrailleuse, nous bénéficions ainsi d'un atout psychologique majeur car le tireur est très difficile à repérer. Alors qu'une mitrailleuse révèle rapidement sa position, par le crépitement des tirs et les éclats lumineux de son canon, un tireur d'élite, camouflé et équipé d'un silencieux, ne provoque qu'un léger claquement. Les tireurs d'élite peuvent stopper un véhicule par quelques tirs bien ajustés ou tirer à travers de petits murs sans que leurs munitions ne soient déviées. Ce sont de véritables couteaux suisses. En être privé durant l'ascension du relief représente à mes yeux un sérieux désavantage.

La fouille de la colline durera plus d'une heure. Nous évoluons par groupe de deux ou trois. Chaque fois que je me laisse glisser de l'autre côté d'un rocher, en frottant la surface rugueuse, je m'empresse de scruter les coins d'ombre l'arme à la main. Je suis conscient que, si un ennemi m'y attendait, je serais criblé de balles avant même de toucher le sol.

Le chien a atteint le trou que nous pensons être la cache d'armes. Le berger malinois escalade les rochers en sautillant tel un bouquetin, tandis que son maître le suit péniblement en le stimulant à la voix. Après l'inspection de la zone, les gars rentrent bredouilles. Nous n'avons trouvé que quelques traces de pas, pas de munitions ni d'explosifs. Après avoir enduré des heures d'escalade périlleuse, nous rentrons avec le sentiment d'avoir perdu notre temps. L'homme que nous avions observé sur la colline s'était sans doute enfui au cours de l'après-midi ou dans la soirée.

Après avoir redescendu la colline, nous vérifions notre matériel puis rejoignons la zone où les hélicoptères doivent nous récupérer. En les entendant arriver, je me demande si je suis déçu ou soulagé de n'avoir croisé aucun djihadiste dans ce dédale de monolithes. Le groupe rentre en entier, aucun de nous n'a été blessé. Sans doute est-ce une forme de victoire. La vie nous réserve parfois des succès qui côtoient les défaites. Mais, dans notre cas, c'est toujours unis que nous les vivons.

Chapitre 13
La peur

Être de la famille d'un soldat des forces armées n'est pas une sinécure. Nos proches peuvent vivre difficilement notre métier. En fonction de leur personnalité, les épouses ou les petites amies réagissent de manière différente : certaines, fusionnelles, s'angoissent en permanence ; d'autres s'imposent une distance intelligente ; d'autres encore font leur vie de leur côté quand leur compagnon est en mission et ne lui laissent que peu de place quand il revient. La distance intelligente est évidemment ce qu'il y a de mieux mais elle n'est pas toujours facile à trouver. Pour ma part, j'ai la chance d'être marié avec une femme qui m'a toujours soutenu tout en respectant l'empreinte importante de mon métier dans notre vie familiale.

Pour les commandos, la naissance des enfants marque souvent un avant et un après. Cela a été mon cas. Lorsque l'on devient père, la perspective de revenir en un seul morceau prend plus de place. Partir en mission paraît alors plus déchirant et le retour plus attendu. La soif d'action et l'approche du terrain ne sont plus les mêmes. Certains continuent de tenter le diable, d'autres non. À titre personnel, j'ai eu pour habitude de contempler la fortune en mission. Je prenais presque du plaisir à monter au feu, avec une certaine forme d'insouciance. Cet attrait pour le danger s'est modifié avec la naissance de mon premier enfant. J'étais devenu plus prudent. Je n'étais pas le seul dans ce cas. L'un de mes hommes a quitté l'unité à la naissance de son premier enfant. D'autres ont changé de fonction pour prendre un peu de distance vis-à-vis des opérations. J'ignore les circonstances qui leur ont fait prendre ces décisions, mais je me souviens très bien de l'instant où ma propre existence a pris un tournant.

Une nouvelle mission était tombée, peu de temps avant la date de notre retour en France. Un groupe de djihadistes avait de nouveau été observé par drone et cherchait désormais à fuir la surveillance dont il faisait l'objet. Dans l'éventualité d'une interception, nous avons été déployés en base avancée.

Une telle routine nous était devenue familière. Sans broncher, les gars ont fait leurs baluchons en sachant qu'ils s'apprêtaient à vivre à la dure pour quelques heures, voire quelques jours de plus. Un premier vol nous a amenés sur la base, occupée par les hommes du 13ᵉ RDP (Régiment de dragons parachutistes). Ceux-ci nous accueillirent avec sympathie autour d'un repas chaud. La situation tactique n'était pas très compliquée : notre objectif était un groupe d'une dizaine d'hommes qui traversait le désert en camion. Nous avions maintes fois été confrontés à des cas similaires, mais dernièrement certaines de ces opérations avaient manqué de peu de mal se finir. Mes hommes et moi avions été pris à partie de très près, au point que je me demandais comment nous en avions réchappé. Cette réflexion ne perturbait pas mon approche de la mission mais elle restait accrochée dans un coin de ma tête.

Au cours de mes années au sein des forces spéciales, il m'est arrivé à deux reprises d'échapper de peu à la mort. Depuis, j'avais développé inconsciemment un sentiment d'invulnérabilité. Une idée fixe s'était emparée de moi : si j'avais survécu deux fois, je pouvais continuer à tenter ma chance. C'était un sentiment d'invulnérabilité, mêlée à un aveuglement involontaire face aux risques que nous étions amenés à prendre. À travers leur comportement sur le terrain, je voyais que certains de mes hommes étaient en proie à un sentiment similaire. Eux comme moi ne nous disions pas : « Ce n'est pas grave si je meurs », mais : « Je ne mourrai pas. » J'avais lu des récits de guerre dans lesquels des soldats développaient un tel travers psychologique qui finissait par les pousser à se montrer négligents dans leur prise de risque. J'essayais donc d'éloigner de moi cette idée en gardant à l'esprit de ne jamais sous-estimer mon ennemi.

La mission s'est confirmée en début de matinée. Nous sautons aussitôt dans l'hélicoptère. En chemin, j'écoute les échanges radio de Guillaume : j'apprends que le groupe ennemi a marqué un arrêt. Quelques instants plus tard, j'annonce à mes hommes que nos cibles se sont séparées en laissant leur 4×4 sur place. Un groupe de commandos doit aborder le véhicule, tandis que l'autre rattrapera deux des djihadistes que nous avions repérés alors qu'ils s'enfuyaient vers le sud. Mon groupe se voit attribuer le binôme de fuyards tandis que les gars du 1er RPIMA se chargeront du véhicule. Dans un premier temps, cette répartition des rôles me réjouit et je la reçois avec un large sourire. Je préfère me consacrer à un objectif avec la promesse d'une bonne bagarre plutôt que de fouiller un camion vide.

Je donne les éléments d'information à mes hommes, qui acquiescent en hochant la tête derrière leurs lunettes aux verres fumés. Quelques minutes plus tard, alors que nous sommes toujours en vol, un changement intervient : pour une raison de coordination, nous devons échanger les objectifs. Nous héritons donc du pick-up sans passagers, et le groupe du 1er RPIMA, des deux passagers armés. Je ressens une déception en annonçant la nouvelle au groupe. Sans que je sache pourquoi, je ne parviens pas à réprimer un rire nerveux. Mettant cela sur le compte de la fatigue, je me concentre de nouveau et me prépare à notre nouvelle mission.

Quelque chose d'inédit venait de se déclencher en moi, même si je ne le réaliserai que bien plus tard. En menant une introspection, je comprendrai de quoi il s'agissait en rétrospective : j'avais eu peur. C'était un sentiment que j'avais enfoui au plus profond de moi, mais qui n'en était pas moins réel. Pour la première fois, dans le cadre d'une mission, j'avais eu peur. Le masque était tombé, je ne pouvais plus me le cacher. C'est arrivé en l'espace de quelques fractions de seconde avant l'échange des objectifs. J'ai eu peur d'être gravement blessé, de perdre la vie. Ou pire : de voir un de mes hommes mourir. J'avais instinctivement rejeté cette sensation dans les tréfonds de ma pensée mais elle avait réussi à se libérer, en profitant de la déconnexion fugace de mon logiciel tactique lorsque mon esprit s'est reconfiguré pour changer de mission. Ma cuirasse de soldat s'était fendue à ce moment précis. J'avais retrouvé cet instinct naturel qu'il m'a fallu enfermer de nouveau pour le bien de la mission.

Celle-ci s'achemina vers un succès un peu terne. Nos ennemis avaient pris leurs jambes à leur cou et leur recherche se révéla infructueuse. Après la fouille méticuleuse du camion, nous accomplissons la traditionnelle mise à feu, avec des explosifs plaqués sur le châssis. Au moment de l'explosion, un morceau de la portière tombe lourdement à quelques mètres de moi.

Ayant un peu de temps à perdre avant la récupération par les hélicos, je propose de relancer les recherches des ennemis en fuite. Au cours de la fouille du camion, j'ai remarqué à proximité le campement d'une famille, dont les membres devaient probablement avoir vu les djihadistes déguerpir. En nous approchant, nous remarquons la présence d'un homme noir dans la famille de bédouins. Après la fouille sommaire du camp, et quelques questions à ses habitants, je m'agenouille près de l'individu suspect. Sa présence m'intrigue. En dialoguant avec lui, avec l'aide d'un camarade qui parle un peu les dialectes locaux, je comprends qu'il est berger. Il indique qu'il gardait ses dromadaires non loin de là quand le bruit des hélicos avait effrayé ses bêtes, qui s'étaient enfuies. Je tente de lui expliquer que je comprends son problème, mais je cherche surtout à savoir s'il a aperçu des combattants. Ne répondant à aucune de mes questions, le berger répète en boucle que ses dromadaires se sont enfuis. Dans un véritable dialogue de sourds, j'entreprends de nouveau de l'interroger sur les djihadistes tandis qu'il reste bloqué sur ses bêtes. Finissant par croire que je ne comprends pas ce qu'il cherche à me dire, le berger se met à mimer un dromadaire, agitant sa langue pendue et en imitant le râle guttural de l'animal. Derrière mon épaule, Marc et William éclatent de rire devant ce jeu d'acteur digne de la Comédie-Française. « Ça va être long », soupirais-je en souriant.

Après quelques recherches supplémentaires, nous rebroussons chemin, laissant libres la famille et le berger. À notre retour à la base, l'imitation du dromadaire devint un gag récurrent au sein du groupe. Cet épisode comique ne me fera pas oublier que quelque chose d'autre s'était passé durant cette mission. Quelque chose que je n'oublierai pas.

Chapitre 14
La cachette

Durant toute ma carrière dans les forces spéciales, j'estime que mon principal atout a été de savoir lire un terrain et de m'y adapter tactiquement. J'ai toujours conservé à l'esprit les adages que j'avais appris au cours de ma formation : « Qui tient les hauts tient les bas » ou « Jamais un pas sans un appui ». Dans son œuvre *L'Art de la guerre*, le chef militaire chinois Sun Tzu stipulait que, sur un champ de bataille, un jeune combattant perçoit un million de possibilités, alors que le soldat expérimenté n'en voit que trois. Ce principe me paraissait naturel, mais restait à déterminer quelles étaient ces trois possibilités parmi le million d'autres ! Je l'ai expérimenté à de nombreuses reprises, mais l'une de mes missions fut emblématique en la matière.

Il devait être environ 23 heures. Je dormais sur mon lit de camp, protégé par une moustiquaire, quand la main de Guillaume me secoua l'épaule : « Louis, réveille-toi ! » J'émergeai avec difficulté, entreprenant de remettre de l'ordre dans les mots que Guillaume me chuchotait. Je compris vite qu'il ne s'agissait pas d'une urgence : il avait laissé la lumière éteinte et prenait garde de ne pas réveiller les autres gars du groupe. Si nous avions dû nous préparer dans l'instant, il aurait sonné la diane sans hésitation. Aucun de mes camarades n'avait remarqué la présence de Guillaume. Nous venions tout juste de rentrer d'une opération de 24 heures. Après un nettoyage expéditif du matériel et une rapide toilette, nous nous étions tous écroulés. Une mission pouvant rapidement en déclencher une autre, nous devions veiller à renflouer notre capital sommeil au plus vite, quitte à nous coucher comme les poules.

« On a repéré des gars qui nous intéressent, m'indique Guillaume. Ils s'approchent en ce moment d'une zone que l'on connaît. On va peut-être pouvoir les choper.

— Impeccable ! Tu veux que je vienne au CO ?

— Pas la peine, reste au lit. Je te tiendrai informé si ça bouge. »

— Ça marche. »

À peine est-il parti que je me rendors aussitôt.

Guillaume a cette qualité de prendre des décisions nettes. Je sais que je peux me fier complètement à ce qu'il me dit. En plus de posséder un bon sens à toute épreuve et une oreille attentive, il m'inspire confiance. C'est la première chose que j'ai apprise à l'armée : rien ne peut fonctionner sans confiance. « Si tu ne fais pas confiance à tes chefs ou à tes hommes, tu peux tout de suite poser ta casquette », m'avait un jour dit l'un de mes supérieurs. C'est la condition *sine qua non* de toute relation saine, quel que soit le milieu. Je constaterai par la suite que la confiance avait besoin d'être éprouvée dans l'adversité. C'était le cas à l'entraînement lorsqu'il fallait assurer un camarade pendant une descente en rappel ou lors d'une séance de tir à balles réelles sur des cibles toutes proches d'un membre du groupe. Les exercices les plus dangereux contribuaient à transmettre un message tacite : « J'ai confiance en toi. » Ce n'étaient pas des paroles en l'air. Chaque jour, je remettais ma vie entre les mains de mes hommes, de mon chef, de camarades des autres unités. C'est pour cette raison que nous ne formions plus qu'un lorsque nous étions sur le terrain.

Par deux fois, Guillaume revint me réveiller pour m'informer de l'évolution de la situation. « Rejoins-moi au CO », finit-il par me dire. En tee-shirt et bermuda, claquettes aux pieds, j'entrai au CO en plissant les yeux à cause des néons blafards. Le CO était une grande tente de campagne renforcée à l'intérieur d'un plancher et de parois en bois, refroidie par un gros climatiseur. Guillaume me donna les éléments dont il disposait pour une éventuelle neutralisation de l'équipe de terroristes. Il ignorait si nous devions partir dans la nuit ou le lendemain matin, mais me précisa que cela pouvait aller très vite. Je pris congé en lui lançant : « Inch'Allah… et bonne nuit ! »

La journée se déroula au rythme du parcours de nos ennemis. Ils roulaient en pick-up à travers le désert sans que nous connaissions leur destination ou le lieu d'une éventuelle pause. D'autres militaires du camp faisaient de régulières incursions sous la tente du CO pour s'informer de la progression du véhicule. C'était un peu comme une série télévisée que l'on suivrait en dilettante, avec ses rebondissements et ses longueurs. En fin d'après-midi, le véhicule marqua finalement un arrêt près d'un village. D'après les images dont nous disposions, le pick-up était garé devant une maison avec une cour entourée de murs de parpaings. La décision fut aussitôt prise d'intervenir. L'objectif: les mettre hors de combat, ce qui signifiait les capturer si possible, sinon les tuer.

Une fois embarqué avec le groupe dans l'hélico, je me mets à somnoler à l'arrière de l'appareil. Dehors, le jour décline. Je me tiens à ma place habituelle, près de la porte, au-dessus du « funnel[1] ».

La voix du pilote se met à grésiller sur l'intercom, m'informant que nous ne sommes plus qu'à cinq minutes de l'objectif. J'allume alors une petite lumière rouge sur mon casque pour capter l'attention de mes hommes qui sont affalés sur le sol de l'hélico. Je leur montre la paume de ma main, les cinq doigts écartés. Ils me répondent en opinant de la tête. L'intervention va commencer.

D'après les derniers renseignements, l'habitation pourrait être une zone de réserve d'armes. En réalité, c'était bien pire ! Par la radio de bord, j'entends l'ensemble des communications qui parviennent à mon chef dans l'autre hélicoptère. Malgré l'obscurité qui vient de tomber, nos drones ont capté de l'agitation autour de la maison. En diminuant notre altitude, je commence à sentir l'air qui se réchauffe, l'odeur du sable et de la latérite. Ces indicateurs tactiques d'une approche imminente me donnent une bouffée d'adrénaline. Je bascule mes lunettes de vision nocturne, les place devant mes yeux, puis les règle pour voir au plus loin. Après m'être relevé en prenant garde de ne pas me cogner la tête, j'attrape le bord supérieur de la portière et penche ma tête quelques

1. Dans notre jargon, c'est ainsi que l'on désigne le trou dans le plancher qui nous permet de descendre en « corde lisse », un lourd cordon tressé d'une dizaine de centimètres de diamètre qui est toujours prête à être déployée.

instants au-dehors. Nous sommes pile au-dessus de la zone. En bas, je distingue des nuances de vert. Mon regard balaie l'avant de l'appareil jusqu'à ce que mon attention s'arrête sur un faisceau lumineux. Projeté par le drone, il couvre la zone ciblée d'un manteau de lumière. Il s'agit d'une imagerie infrarouge que seules nos jumelles peuvent distinguer dans l'obscurité. J'aperçois désormais les bâtiments, puis le mur d'enceinte au milieu d'une étendue poussiéreuse, enfin le pick-up. Les passagers, eux, restent invisibles. Soudain, je vois deux hommes en djellaba sortir. Affolés par le bruit des hélicoptères, ils s'agitent autour du pick-up. « Une minute », annonce l'intercom. Sans quitter les deux individus du regard, je tends le bras dans la cabine pour prévenir d'un geste mon groupe de l'imminence du posé. J'ai la ferme intuition que les deux individus qui se tiennent en dessous de nous sont ceux que nous recherchons. La tête toujours hors de l'hélico, je ne les lâche pas des yeux. Depuis le ciel, les choses paraissent souvent simples. Mais, une fois sur le plancher des vaches, la végétation, le relief et l'obscurité rendent la situation plus complexe. Je n'ai plus que quelques secondes pour récolter les dernières informations avant l'intervention. J'examine l'attitude des deux hommes, leurs vêtements, s'ils portent des armes, la position de leur véhicule… Un nuage de poussière, provoqué par notre atterrissage imminent, envahit soudain la soute. Je détache ma sangle de la boucle d'amarrage et débranche la radio de bord. L'hélico est presque au sol. Je suis prêt à sortir. Cette phase est des plus délicate pour les pilotes, qui doivent affronter un « effet de sol ». Un coussin d'air, généré par le souffle des hélices, se forme alors sous l'appareil. Pour se stabiliser, les pilotes effectuent de petits mouvements précis et subtils. De l'intérieur de la soute, il nous est difficile de conserver l'orientation de l'appareil car nous ne disposons d'aucun repère extérieur à cause du sable. La machine peut en effet légèrement pivoter sur elle-même au cours de cette phase, sans que l'on s'en rende compte. Nous perdons donc le nord pendant quelques instants. Au préalable, je me suis accordé avec les mitrailleuses de sabord afin qu'elles pointent leurs lasers en direction des individus suspects, pour nous permettre de visualiser notre itinéraire de départ. Je sors ensuite de l'appareil, suivi de près par mes hommes. À travers mes JVN, je perçois les rayons verts qui traversent le ciel en direction de notre objectif. L'hélico redécolle. Je jette un coup d'œil à droite et à gauche : tout le monde est là. À 600 m devant nous se dresse l'habitation, baignant dans la lumière infrarouge du drone. Je m'aperçois très vite que le véhicule, lui, a disparu. « Merde ! », murmurai-je. Nous avançons vers la maison, tout en observant les abords dans l'espoir de repérer le pick-up. Je continue de pester intérieurement, convaincu que le véhicule a fui lorsque le nuage de poussière a enveloppé l'hélico. Les quelques instants de notre posé avaient suffi aux individus pour nous fausser compagnie. Ou « essayer » de nous fausser compagnie, car un hélico les a pris en chasse.

Un petit village est situé à quelques centaines de mètres de notre position. Il est probable que ceux que nous recherchons s'y soient réfugiés. Le faisceau lumineux du drone me confirme cette suspicion et se déplace vers cette zone : c'est comme si Dieu déplaçait son doigt dans le ciel étoilé pour nous désigner l'endroit où se trouvent nos ennemis. Le drone fait halte sur une habitation. Guillaume m'annonce par radio que la fouille de cette maison est pour nous, tandis que l'autre groupe se lancerait à la recherche du véhicule.

Je me conforme aux ordres, mais pas de gaieté de cœur. J'ai la sensation d'être à une chasse dans laquelle le gibier me passerait sous le nez sans que je puisse partir à sa poursuite. Je ravale ma frustration et annonce aux gars notre nouvel objectif. Avec le plus de discrétion possible, nous prenons pied dans l'enceinte, laissant plusieurs opérateurs surveiller les abords. Au fond de la cour intérieure se trouve un petit bâtiment, avec une porte et trois fenêtres. Nous contrôlons les alentours avant de nous engager à l'intérieur. La cour est quasi vide. À côté de la porte du bâtiment du fond, je découvre une seconde entrée, discrète et étroite, nichée dans un mur. Intrigué, je m'approche, l'arme au poing, pendant que le reste des opérateurs entreprennent la fouille de la maison. Dedans, je perçois une petite pièce presque vide. J'y distingue des objets disposés en rang sur le sol. Même avec mes lunettes de vision nocturne, je ne parviens pas à définir de quoi il s'agit. Ces objets m'intriguent et quelque chose me pousse à m'en rapprocher pour déterminer ce qu'ils sont. Je prends tout de même un moment pour m'assurer que la partie de la pièce visible depuis le seuil n'a pas été piégée. Cette entrée est étroite, et je dois me pencher pour rentrer. Je m'avance lentement en rasant le mur mais mon gilet s'accroche à la paroi. Je me dégage d'un mouvement d'épaule. Surpris par cette libération plus brusque que prévu, je titube puis vacille jusqu'au centre de la pièce. Je finis en léger déséquilibre, le pied à quelques centimètres de la rangée d'objets en tas. Retenant ma respiration, j'ajuste mes lunettes. Devant moi, se tient une série d'obus de mortiers, d'interrupteurs, de fils électriques et de détonateurs pyrotechniques en parfait état. Sans esquisser le moindre mouvement, mon regard parcourt l'ensemble du matériel disposé sur le sol. Plus tard, je prendrai conscience que, avec un pas de plus, j'aurais probablement écrasé un détonateur, pouvant provoquer sa mise à feu, et la mise à feu de tous les explosifs entassés. Avec la plus grande prudence, je fais quelques pas en arrière puis m'extirpe de mon trou. «Charles, j'ai besoin de toi ici», annonçé-je par radio à mon spécialiste des explosifs. Charles me rejoint l'instant d'après. Grand brun aux yeux bleus doté d'un physique de triathlète, il est sans doute l'un des plus cultivés du groupe. Il s'était intéressé aux explosifs après son stage de chef d'équipe et avait, par la suite, passé toute une série de formations avec succès. Devant moi, il manipule délicatement le matériel et rassemble chaque objet dans la cour. D'après son analyse, il s'agit d'une fabrique de mines artisanales, de celles dont les djihadistes viennent discrètement se servir de temps à autre.

Guillaume m'informe que l'autre groupe a réussi à capturer les deux hommes que nous poursuivions. Non sans mal: les commandos ont dû effectuer une véritable course-poursuite à travers le village pour mettre la main sur eux. La course a fini par un plaquage offensif digne d'un troisième ligne de rugby sur l'un des terroristes qui tentait de s'échapper. Après une fouille extensive de la zone, nous réussissons aussi à récupérer le pick-up. Sur ordre de Guillaume, avec deux gars et l'infirmier nous amenons le véhicule sur une grande bande de terre poussiéreuse à une poignée de kilomètres du village. J'envoie les coordonnées de l'endroit, puis chacun sort une charge d'explosif de sa musette et la place à différents endroits de la voiture. Non sans plaisir, en pensant au magnifique feu d'artifice qui nous attend.

Généralement, les explosifs sont répartis au sein du groupe, tout comme les équipements de premiers soins, les batteries de radio, ou les munitions de la mitrailleuse lourde. Cela permet à ceux qui possèdent un domaine d'expertise nécessitant un équipement important de répartir le poids. Chacun a donc sur lui une petite charge qui peut servir à ouvrir une porte ou détruire un véhicule si on les additionne.

Une fois le montage contrôlé, j'annonce à Guillaume que je suis prêt à activer les charges. Les hélicos sont en approche, nous devons agir avant leur arrivée. L'infirmier déclenche le retardateur tandis que je lance mon chronomètre. Nous avons deux minutes avant l'explosion. Les systèmes de déclenchement ne sont pas infaillibles, ils peuvent avoir quelques secondes de retard ou, plus rarement, ne pas fonctionner du tout. Il faut donc être certain du dispositif et surveiller la mise à feu avant de quitter les lieux. J'apprécie la science des explosifs, et je passe beaucoup de temps avec les démineurs pour qu'ils m'expliquent leurs méthodes, les différents types de charges et leurs compositions. Ce que j'aime beaucoup moins, en revanche, c'est devoir vérifier un dispositif de déclenchement qui n'a pas fonctionné. Car, dans ces cas-là, il est impossible de savoir à l'avance si le système de mise à feu est bloqué ou simplement instable. Et si c'est la seconde option, les charges peuvent exploser à la moindre vibration. J'avais été marqué par le déminage d'une roquette qui n'avait pas explosé après un tir en exercice. L'engin avait parcouru près de 1 km, ricochant sur le sol avant de s'arrêter en fin de course. Il avait fallu le neutraliser en y accolant un autre explosif, dont le déclenchement serait, lui, maîtrisé. Poser une charge est assez facile, la poser contre une roquette qui aurait dû exploser se révélait plus délicat. Il suffit parfois d'une infime pression ou d'un léger mouvement pour provoquer la déflagration. Cette fois-ci, nous nous en étions sortis sans encombre mais l'épisode m'était resté. Au moment de faire exploser le pick-up, sur lequel nous venions de disposer plusieurs kilos d'explosifs, j'avais ce souvenir en tête.

J'annonce : « 30 secondes ! » Le groupe s'arrête et se tourne vers le camion en s'allongeant au sol par précaution. Je me mets à mon tour à plat ventre sur le sable. Je tourne la tête pour contempler un instant le ciel encore parsemé d'étoiles, même si l'aube ne devrait pas tarder. « 10 secondes. » Les gars restent tous en position. J'annonce le compte à rebours à la radio : « 5-4-3-2-1. » L'explosion est suivie d'une boule de feu en forme de champignon qui s'élève lentement. Même à une centaine de mètres, nous ressentons sa chaleur sur la peau. Le panache de fumée noire, qui s'étire dans le ciel, représente un phare pour les pilotes des hélicos dans cet océan de terre rouge. Le « flap-flap » de leurs pales sonne comme une douce mélodie à nos oreilles. Nous montons à bord, chacun retrouvant sa place. Une fois que nous voilà arrimés à l'engin, je fais signe à l'opérateur de la mitrailleuse que nous sommes prêts à partir. Un vol de plusieurs heures nous ramène au camp. Un vol éprouvant, comme d'habitude.

Arrivé à la base, une fois mon équipement défait et dépoussiéré, il me faut encore prendre en compte les prisonniers pour les transférer au centre de détention. Cette opération prend plusieurs heures, durant lesquelles nous nous relayons pour assurer leur garde. Le plus souvent, lorsqu'ils sont ramenés au camp, les prisonniers sont effondrés psychologiquement. Certains reprennent tout de même du poil de la bête et essaient de nous narguer. Lors de l'interrogatoire, cette envie leur passe très vite.

Chapitre 15
Suprême responsabilité

« C'était sa faute. » Il avait marché sur des branches qui avaient craqué bruyamment sur son passage. Ses JVN ne lui avaient pas permis de détecter cet obstacle qui avait réveillé tout le camp ennemi. Avait-il mal réglé son matériel ? S'était-il précipité ? Jusqu'alors, la mission s'était parfaitement déroulée. Durant deux heures, nous avions réussi sans encombre notre infiltration à pied. Sans cette erreur, nous aurions pu les appréhender dans leur sommeil… Une fois les terroristes réveillés, nous n'avions d'autre choix que d'engager le feu par une pluie de tirs sur leurs positions. Quelques instants plus tard, nous avions conquis ce camp nomade, composé de petites tentes au milieu de la forêt. Sylvain m'avait fait remonter la présence d'explosifs improvisés. J'avais appelé le démineur et lui avais désigné les boîtes suspectes posées derrière un véhicule au milieu des tentes. Malgré la précarité de notre assaut, nous ne comptions heureusement aucun blessé. J'ai fait remonter mes comptes rendus aux chefs, puis nous avons pris le chemin du retour dans la fraîcheur bretonne en laissant les corps ennemis sur place.

Une heure de marche rapide plus tard, je pose mon casque et me libère de mon pare-balles au pied de notre véhicule. Un sous-officier en veste jaune fluo vient me voir : « La mission s'est bien passée ?

— Oui, à l'exception de notre arrivée sur le camp, répondis-je. Un de mes gars a fait un raffut pas possible. On s'est fait griller avant d'être positionnés pour neutraliser les tangos. En réel, on aurait probablement eu plusieurs hommes au tas. »

C'était vrai : si l'incident s'était déroulé lors d'une véritable mission, nous aurions sans doute compté nos morts. Mais ici, il ne s'agissait que d'une mise en situation, un exercice avec des balles de peinture et des ennemis fictifs. Pour autant, cela ne diminuait pas le goût d'échec qui me restait en travers de la gorge. Fatigué par cette nuit d'entraînement, je sirotais le contenu de ma gourde souple que je gardais fixée dans le dos.

À notre arrivée, je félicite les gars pour le boulot effectué puis monte dans le véhicule tactique qui nous ramène à notre logement, au fond du camp de manœuvres de Coëtquidan, en Bretagne. Le débriefing attendra le lendemain.

La grande salle, au cœur du bâtiment de l'unité commando, accueille le « pacha » (le commandant de l'unité, chez les marins), les instructeurs en charge de l'exercice de la veille et les chefs de groupe. Nous entamons le débriefing général avant de faire le point sur l'exercice de la nuit. Sans surprise, le responsable des instructeurs, un vieux capitaine expérimenté, s'attarde sur notre phase d'approche ratée. Après son intervention, je prends la parole pour défendre le groupe. Je sollicite l'indulgence pour l'opérateur incriminé, invoquant son manque d'expérience. L'instructeur en chef réprouve mes arguments et poursuit sa remontrance à l'encontre de mon groupe. Je bous intérieurement de ce que je considère être une injustice. Après tout, celui qui avait commis la faute m'avait été confié il y a seulement quelques semaines. Comment pourrais-je être tenu pour fautif de son erreur de jeunesse ? Alors que je tentais de me justifier, le pacha me fait signe de me taire. Je m'exécute.

En sortant de la réunion, je suis irrité. J'ai le sentiment de payer pour un autre. Timothée, le second du commando qui a assisté au débriefing, s'approche de moi et me lance, sur un ton amical : « Tu ne devrais pas aborder de cette façon la faute de ton opérateur. » Il m'intrigue. Je le laisse poursuivre : « Tu es chef de groupe, tu dois parler au nom de l'ensemble de tes hommes. Tu ne peux pas isoler un gars pour une action. Quoi qu'il arrive, cela relève de ta responsabilité. » Avant de me laisser, il me glisse, en souriant : « J'étais à ta place il y a quelques années, et le second m'avait fait exactement la même remarque… »

Son propos n'était pas facile à encaisser mais je ne pouvais qu'admettre qu'il avait raison. Désigner un coupable pour se dédouaner de sa propre responsabilité est toujours une tentation facile. Dans le cas présent, si j'examinais la situation de façon objective, c'était à moi d'assumer la faute. L'opérateur avait beau être jeune, j'avais accepté de le prendre comme élément d'assaut. J'avais choisi de lui donner un rôle lors de l'exercice, alors que je savais qu'il n'était pas au niveau.

« Chacun de nous est responsable de tout, devant tous », disait le grand écrivain russe Dostoïevski. Il avait raison : tout le monde a une responsabilité dans une situation donnée, ou *a minima*, nul ne peut simplement s'en défausser sur un autre. J'avais admis que ce jeune fautif intègre l'exercice, en sachant qu'il n'était peut-être pas tout à fait au niveau, j'étais donc garant de lui. C'était donc avant tout ma faute si une indiscrétion a été commise.

Je considère depuis ces années que la responsabilité du chef est absolue. Comme dit l'adage militaire: «Il n'y a pas de mauvaise troupe, seulement de mauvais chefs.» Je suis responsable de chacun de mes hommes, qu'ils réussissent ou qu'ils échouent. Lorsque l'un d'eux commet une erreur, c'est comme si c'était moi qui la commettais. Je l'avais, cette fois, oublié, mais je ne l'oublierai plus pour le reste de ma carrière.

En mission, cet état d'esprit me poussa souvent à m'exposer plus que de raison. Face au danger, je me retrouvais épaule contre épaule avec mes hommes, convaincu que je devais assumer autant qu'eux chacune de mes décisions. Je ne me voyais pas endosser cette responsabilité depuis l'arrière-garde, bien à l'abri. Les instructeurs me reprochaient ces prises de risques, qu'ils jugeaient souvent inutiles. Cela donnait lieu à des échanges houleux avec certains instructeurs, qui restaient attachés à la logique selon laquelle un chef doit donner des ordres sans s'exposer, parce qu'il est trop précieux pour mourir. Mais ils ne m'en ont jamais convaincu. Certes, le chef de groupe, pièce maîtresse s'il en est, doit se protéger pour mener à bien une opération. Mais cela reste de la théorie: dans les faits, un chef doit être capable de donner sa vie pour ses hommes, si nécessaire.

Cette conception de ce rôle de meneur m'a entraîné vers une réflexion bien plus vaste. Au fil du temps, j'ai réalisé à quel point ce concept de responsabilité dépassait largement le cadre de l'armée. J'ai alors compris l'importance d'assumer ses responsabilités en tant que chef, mais aussi tout simplement en tant qu'homme. Je n'avais pas seulement des devoirs vis-à-vis des hommes de mon groupe, j'en avais aussi envers mes proches, ma famille, mes voisins... et envers moi-même. Il ne s'agit pas d'un poncif que l'on énonce pour se donner bonne conscience ou rassurer son interlocuteur, mais d'un principe qu'il faut essayer d'appliquer au quotidien. Je m'y suis efforcé, au fil du temps, m'évertuant à tenir mes engagements jour après jour, comme je le faisais auprès de mes camarades tous les jours. En comptant sur moi, ils m'aidaient à tenir ces engagements. L'armée avait façonné en moi un outil essentiel pour assumer ses responsabilités : la discipline. Ce n'est d'ailleurs pas anodin si ce terme figure parmi les quatre mots qui composent la devise de la Marine, scellée sur la façade de tous les bâtiments de guerre français :

« Honneur - Valeur - Patrie - Discipline »

Faire face à ses responsabilités n'est pas une mince affaire car cela impose de cesser de se trouver des excuses et de prendre conscience que nul ne le fera à notre place. Dès que l'on s'y astreint, on prend conscience que le monde est pavé de responsabilités qui nous tendent les bras. Nous sommes responsables de nous-mêmes, de nos enfants, des autres membres de notre famille, de nos proches, d'une entreprise ou d'une communauté. Les responsabilités sont partout et prennent de multiples formes. Sans individus responsables, une société se retrouve à la merci d'êtres capricieux qui n'agissent que selon leurs penchants du moment. C'est le règne des intérêts particuliers et du narcissisme. Chacun ne mène son existence qu'au gré de ses impulsions égoïstes, ne répondant qu'à des objectifs strictement individuels au détriment du bien commun. C'est le chemin – ou, plutôt, l'autoroute – qui mène au chaos.

Tout au long de sa vie, un individu doit faire des choix qui engagent son avenir : suivre des études, se mettre en couple, chercher un travail, déménager… Chacun d'eux représente une intersection entre deux chemins : une voie facile qui n'exige que peu de volonté ; et une plus vertueuse qui nécessitera davantage d'efforts. Être discipliné ne signifie pas que la voie difficile aboutira forcément à un succès, mais seulement que l'on invoquera une bonne dose de courage pour générer le meilleur de soi-même et tenter d'y parvenir. Cela implique d'avoir la patience, la force de continuer d'essayer malgré les échecs. C'est d'ailleurs ce que disent beaucoup de chefs d'entreprise quand ils doivent expliquer leur succès : « J'ai souvent failli, mais je n'ai jamais arrêté d'essayer ! » En somme, ce sont des perdants qui ont réussi.

Être discipliné ne se décrète pas. J'ai appris la discipline petit à petit, jour après jour. C'est un cumul de petites décisions du quotidien qui forge la plus grande discipline. Je ne crois pas aux grands changements radicaux, qui chamboulent tout. Je crois au progrès quotidien de chacun, à son développement individuel croissant. Je crois à celui qui s'améliore petit à petit, selon son échelle. J'y crois d'autant plus que ces petites choses cumulées quotidiennement m'ont ouvert des possibilités que je ne soupçonnais pas et permis de vivre des aventures incroyables.

Si je m'adressais aujourd'hui à l'enfant que j'étais lorsque j'avais douze ans, en décrivant à cet autre moi-même ce qu'il va lui arriver s'il prend ses responsabilités, il me rirait au nez en me prenant pour un fou et retournerait à ses jeux vidéo.

Nul besoin d'être un athlète de haut niveau ou un brillant savant pour acquérir le sens des responsabilités quotidiennes. Cela est accessible à tout le monde. Au cours de ma carrière, j'ai vu des hommes meurtris par la vie qui semblaient à terre devenir petit à petit des êtres de grande valeur en s'engageant dans une humble discipline personnelle. Comme ce camarade qui m'avait confié qu'il avait dormi dans sa voiture pendant une période de sa vie pour assurer la pension alimentaire de ses enfants, tout en continuant à assurer son travail quotidien sans jamais se plaindre. Décider de se montrer responsable commence par des gestes les plus banals, comme faire son lit le matin. Cela peut sembler anodin mais il n'y a pourtant pas de meilleur premier pas pour devenir un homme responsable ! Il s'agit du premier geste que l'on apprend en entrant dans l'armée. C'est un engagement envers soi-même qui peut paraître ridicule, mais qui est fondamental car il envoie le message suivant : je mets de l'ordre dans mon quotidien (et donc ma vie) et je n'attends pas que quelqu'un d'autre le fasse à ma place (comme un enfant qui attendrait qu'un adulte s'en charge). C'est prendre sa première responsabilité : celle de sa vie.

Le concept de responsabilité se confronte à un écueil récurrent que j'ai curieusement trouvé dans la hiérarchie militaire, mais aussi dans la société en général : celui de la *dilution*. Elle survient lorsqu'une responsabilité perd son sens devant une hiérarchie trop ramifiée ou mal définie. Cela est souvent le cas au sein d'une administration trop rigide et extrêmement hiérarchisée, dans laquelle chaque membre a le sentiment de n'être qu'un rouage sans importance. C'est d'ailleurs un des points communs qu'avaient le régime nazi et le régime communiste : ils avaient pour principe de mettre en place une hiérarchie dense, très complexe et bureaucratique, qui donnait l'impression à chacun de ses membres qu'il n'était plus qu'un petit rouage sans importance. Les responsabilités personnelles devenaient alors très faibles, ce qui réduisait proportionnellement le risque de voir des hommes s'opposer à ces immenses machines à broyer des vies.

L'affinité que l'on ressent vis-à-vis d'une entité peut aussi s'éroder et entamer la responsabilité que l'on y endosse. Dans les grandes organisations, le désengagement moral est susceptible d'être particulièrement important car il s'agit le plus souvent de structures bureaucratiques où la division du travail se prête à des mécanismes propices aux transferts des responsabilités. Plus la hiérarchie est dense, plus la responsabilité est diffuse. Si un chef d'usine a dix employés sous ses ordres et que l'un d'eux se blesse, la responsabilité du chef est pleine et entière. Dans une usine bien plus grande, si un ouvrier a un accident sur une chaîne de montage, alors le chef pourrait être tenté de se disculper derrière les responsables d'atelier, les contremaîtres ou les fournisseurs. Le méandre de l'irresponsabilité infuse de nombreux pans de la société, où même ceux qui sont pris la main dans le sac désignent d'autres coupables. La caricature en est la classe dirigeante, où n'importe quel acteur pris dans un scandale arrive généralement à se dédouaner plutôt que d'assumer ses actes.

« La vie, c'est la guerre », prétendait Héraclite. L'engagement est un combat, tant il est source de conflit et de souffrance. La souffrance de ne pas agir selon sa propre volonté à un instant donné, d'endurer la frustration, de subir l'attente ou de se confronter à l'épreuve pour choisir ce qu'il y a de meilleur. S'engager impose d'être bousculé, blessé, insatisfait, mais cela permet *in fine* de se découvrir des capacités insoupçonnées. Cette souffrance s'étire tout au long de la vie sous différentes formes, y compris pour des responsabilités les plus évidentes. Choisir un métier implique de se faire violence, comme devoir se lever tôt pour aller travailler, par exemple. Cet engagement engendre une responsabilité vis-à-vis des autres, qui se renouvellera à chaque nouvelle journée : mes collègues et mon employeur compteront sur moi tous les matins. Je ne m'engage donc pas pour une seule fois, mais je renouvelle ma décision chaque fois que je quitte mon lit pour embaucher à l'heure. Je l'ai connu durant toute ma carrière dans l'armée, où le devoir m'imposait de passer la majorité de mon temps avec mon unité, en exercice ou en mission. Durant mes trois premières années de mariage, je n'ai vu ma famille que pendant neuf mois. Ce fut naturellement une source de souffrance pour mes proches et moi-même.

Quel que soit le secteur où l'on évolue, tout le monde endure des souffrances, que l'on soit responsable ou non. Un homme qui ne choisit pas la voie vertueuse, en se laissant porter par une existence qui lui semble plus facile, ne sera pas exempt de souffrance pour autant. Connaît-on des gens qui subissent par exemple des addictions à l'alcool, à la drogue qui puissent dire qu'ils n'en souffrent pas ? La souffrance n'est donc pas une option, elle finit par frapper de manière universelle.

Celles qui sont subies nous attirent généralement vers le bas ; alors que celles qui sont choisies peuvent nous mener vers ce qu'il y a de meilleur.

Stéphane Hessel, un résistant de la Seconde Guerre mondiale, écrivait : « Il ne s'agit pas d'être bon ou de faire le bien, mais de mener une vie qui ait de la signification et qui porte une responsabilité, ce qui n'est pas tout à fait la même chose. Cela conduit à choisir la difficulté plutôt que l'épicurisme. »

Cette différence fondamentale réside dans le sens que porte notre souffrance. Durant mon stage commando, lorsque je plongeais en pleine nuit dans l'eau noire et glacée de la cuve, je prenais la vie à bras-le-corps, car je choisissais cette souffrance, et je savais qu'un béret vert m'attendait au bout.

Lorsque je m'absentais durant des mois, parfois à l'autre bout de la planète pour un entraînement avec des unités étrangères ou des missions opérationnelles, je savais pourquoi je le faisais. Mon engagement avait un sens pour moi et pour la société. Le ressentir au fond de moi me faisait supporter ma souffrance. Elle avait une raison d'être qui la rendait acceptable. Il en est de même pour un boulanger qui se lève avant l'aube pour allumer son four. Il souffre dans sa vie familiale et sociale de subir des journées décalées, mais il l'accepte car ce sacrifice répond à un besoin éminent : celui de nourrir les gens qui lui achètent son pain et, ainsi, de subvenir aux besoins de sa famille. Dans son métier comme dans le mien, il ne faut donc pas chercher à échapper à une inévitable souffrance, mais choisir le sens que l'on va lui donner. En étant liée à un engagement, elle devient alors supportable, à cette seule condition de la choisir, c'est-à-dire en prenant ses responsabilités.

« La plus grande victoire, c'est la victoire sur soi », affirmait Platon. La discipline repose sur la capacité à mettre en ordre sa vie et son environnement. Cet ordre engendre alors la liberté. Lorsque les choses sont en ordre, je sais où chercher ce dont j'ai besoin. C'est un prérequis fondamental au développement de chacun. Si les choses sont en désordre, alors je ne saurai pas où chercher. Je ne saurai pas comment me développer, comment croître dans ma vie. C'est l'anarchie. L'apprenti peintre doit cumuler des heures de pratique avant de maîtriser son art. C'est un sacrifice obligatoire pour la suite de sa vie. Le temps de l'apprentissage, il doit accepter de mettre sa créativité de côté, et patienter pour acquérir un savoir-faire. Son talent ainsi renforcé lui permettra, par la suite, de donner toute sa mesure à sa créativité et d'enrichir son existence. Il en va de même avec toutes les matières enseignées, de l'école jusqu'à l'Université, que l'on nomme « disciplines » (et ce n'est pas un hasard !), et qui n'ont d'autre but que de former des hommes libres. Une fois « ordonné », l'individu pourra faire des choix inaccessibles à celui qui n'a pas acquis cette discipline personnelle. À cette étape, il ne s'agit pas de faire le bon ou le mauvais choix, simplement de se donner la liberté d'avoir un jour le choix.

Un taux effarant de la population en vient à consommer des antidépresseurs, ou à songer au suicide. En France, 7 %[1] des adultes ont tenté de mettre fin à leurs jours. Les chiffres sont horriblement élevés chez les jeunes adolescents. Or, pour donner du sens à son existence et sortir du nihilisme, peut-être faut-il commencer par accepter de prendre des responsabilités dans sa vie.

Dans notre société moderne, il n'est presque plus personne pour appeler à prendre ses responsabilités. Le système

1. Source : Santé publique France du 20 mai 2019.

ne semble plus savoir, ou ne plus vouloir, faire des hommes responsables. Quel dirigeant pourrait encore dire : « C'est ma faute et j'en accepte les conséquences » devant des caméras de télévision ?

La mythologie ou l'Histoire sont remplis d'exemples d'individus capables de sacrifier jusqu'à leur vie pour assumer leurs responsabilités : Socrate acceptant de boire la ciguë après avoir refusé de s'enfuir car il estimait que le respect de sa parole était plus important que sa propre vie ; Pierre Brossolette se jetant par les fenêtres des locaux de la Gestapo pour ne pas trahir ses amis résistants ; Jean Moulin mourant sous la torture des nazis sans avoir donné un seul nom de ses complices… Sans aller jusqu'au sacrifice ultime, nombre de nos contemporains savent humblement prendre leurs responsabilités au quotidien sans être sous le feu des projecteurs : les pères et les mères de famille, les mères seules qui élèvent leurs enfants, les chefs d'entreprise qui font vivre leurs employés, les éducateurs et les soignants, les profs, ces hommes et ces femmes qui s'occupent discrètement d'un proche impotent, d'une tante malade…

Prendre des responsabilités est un chemin fondamental pour donner du sens à son existence. Chacun a en lui les moyens de se prendre en main, d'agir plutôt que de réclamer, de réaliser que ses échecs ne sont pas dus aux autres mais d'abord à soi-même, pour enfin croître jour après jour.

ÉPILOGUE

L'armée a fait de moi ce que je suis. Je ne l'oublie pas et je ne l'oublierai jamais. Comme beaucoup de militaires, je ne me sens hélas plus en phase avec la façon dont les conflits sont menés à l'étranger par les politiques de notre pays. C'est la raison pour laquelle, la mort dans l'âme, j'ai pris la décision de quitter l'institution.

Un arc allant de la Mauritanie à l'Égypte est aujourd'hui frappé par le djihadisme salafiste, toute l'Asie du Sud-Est est gangrenée et, dans l'ensemble des autres régions du monde, des cellules agissent plus ou moins dans l'ombre. Ses terrains d'action n'ont jamais été aussi étendus. La masse d'individus qui se met au service de cette cause ne cesse d'augmenter. Telle est la plus grande pandémie mondiale que nous avons à affronter.

Les djihadistes sont convaincus qu'ils finiront par gagner la guerre. Notre regard occidental sur le rapport de force militaire n'a rien en commun avec leur vision des choses. Par nos opérations armées, nous pouvons diminuer le nombre de combattants djihadistes. Mais nul ne peut tuer une idée avec une balle. Eux le savent : leur cause ne mourra jamais. Le califat islamique en Irak ne fut qu'une étape à leurs yeux. Ils ont le temps. De génération en génération, ils continuent d'œuvrer pour leur cause. Les Occidentaux et les Orientaux n'ont pas la même notion ni du temps ni de la guerre. Pour nous, une guerre se limite à un temps donné : nos soldats ne sont dans l'armée que pour quelques années avant de retrouver le cours de leur existence. Eux sont des soldats tout au long de leur vie. Nous pensons que la guerre est circonscrite dans le temps. Pour les combattants du Moyen-Orient, la guerre ne cesse jamais. Le grand théoricien européen des conflits armés, Clausewitz, l'a parfaitement résumé avec cette célèbre phrase : « La guerre est la continuation de la politique. » Dans les pays orientaux, nous sommes confrontés à l'exact contraire : le politique est le prolongement de la guerre. Nous devons être conscients de tout cela. Les opérations militaires permettent de remporter des batailles, mais pas la guerre. Pour gagner la guerre, la confrontation idéologique doit prendre le relais. Et seules les idées peuvent combattre sur le champ des idées.

Dans cette perspective, nous ne pouvons pas seulement compter sur notre armée.

Nous devons retrouver le sens du devoir et prendre nous-mêmes nos responsabilités, la préservation de notre mode de vie et de nos valeurs est à ce prix. J'ai été un chef de guerre sur le champ de bataille, je serai désormais un combattant au sein de la société civile.

Cet ouvrage a été composé par IGS-CP
à L'Isle-d'Espagnac (16)

Achevé d'imprimer en novembre 2021 par Corlet Imprimeur — 14110 Condé-en-Normandie
Dépôt légal : février 2021 — N° d'imprimeur : 21110074 — *Imprimé en France*